JN025937

中小製造業の

DIGITAL TRANSFORMATION

DX
(入門)

藤川裕晃・川越敏昌 著
Fujikawa Hiroaki　*Kawagoshi Toshiaki*

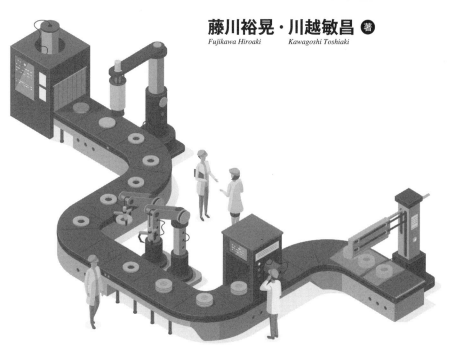

同友館

はじめに

　最近の30年の日本経済を「失われた30年」と自虐的に称している。確かに30年間に亘って他の先進国はそれなりに経済成長しているが、唯一日本だけが経済成長に背を向けている。高度成長の時代は、物価も上がったが給与も上がり、日本人の暮らしも豊かになった。その間築かれた終身雇用、年功序列、企業内組合が良くも悪くも日本の社会の基盤となり、日本中の親たちは自分の子供が大手企業に入り、高い給与で楽な暮らしができるようにと考え、大学就学率が上がった。そうやって大企業に入った大学生は、従順に年上の上役の薫陶を受けて素直な企業戦士となり、住宅ローンを組んで長い通勤時間に我慢するサラリーマンとなっていった。高度成長が止まり、これまで金科玉条に守ってきた高度成長の成功体験をかたく信じて実践してきたサラリーマン達は、いつの間にか思考停止に陥りガラパゴス化していく。自分の顧客を見ることなく、社内それも上司の顔色しか見てこなかったサラリーマンは典型的なプロダクトアウトを繰り返し、顧客を失っていったことも現在の凋落の一因であろう。

　その他の原因として、経済政策の失敗を挙げるものもあれば、日本企業のIT化の遅れや社員のIT音痴から対応力の弱さを挙げるものも、中国などの新興国の存在を挙げるものもいる。原因は様々に語られるが、対策はどの書籍も同じことを挙げている。それは、「DX」である。デジタル技術を使って企業の改革をすることを指している。この対策は、その原因以上に新鮮さがない。これまでも、MIS—FA—CIM—SIS－TOC－SCM……とバズワードが書店の店頭で踊っていたが、最近は「DX」がそれに代わっただけだという冷めた見方もある。

　著者達は、DXが必要という方向は正しいがアプローチが間違っていると考えている。相変わらずITシステムを入れればDXだと喧伝しているSIerもいるし、ロボットやIoTを導入したり、AIで計算すればDXと主張する例が後を断たない。しかし、それらはデジタル化である。デジタル化をするなとは主張しないが、目的はデジタル化することで終わらないことを強調したいのである。デジタル化はあくまで手段であり、目的でない。目的はライバルとの差別化などによる競争優位の構築である。これまで勝てなかったライバルに対して例えばERPを入れたからといって翌日には勝てるというお話は幻想にすぎない。企業をそれ

なりに改革しないと真の果実は掴めない。

　企業の改革方法は、通常、問題を列挙して真の原因を明らかにし、解決すべく戦略を立てること、更にその戦略に基づいて戦術を立てて実行するのが企業改革の手順である。いつまで経っても日本企業はこういった効率化・自動化・情報化・最適化の類の企てに失敗し続けている。まるで、日本経済がバブル崩壊以降立ち上がれないのと符号しているようである。

　つまり、日本企業のやってきた DX には、経営戦略がないのである。古い言葉だが「仏を作って魂を入れず」という奴だ。ERP を導入したら DX ができるのではなくて、情報を共有化・一元化してそれを分析して顧客やライバルの動きを察知して的確な行動を紡ぎ出すからライバルとの競争優位を築けるのである。こういった使い方のストーリーが無くて、導入しただけでは自社の採算ラインを高くするだけの自殺行為である。

　本書では中小製造業に的を絞って、DX の方法論を説き、ツールの説明をし、事例を述べている。どの事例もそんなに投資額は掛かっていない。どの企業もDX なんかすると投資額もそれなりになどと、思い込んでいる向きも多いと思うが実は、使うのはお金ではなくて、頭である。どうすれば自社の経営成績が上がるか、どうオペレーションを変えればもっと少ない人数で効率的で知的な仕事ができ、ライバル企業に差を付けられるかを考えぬくことである。

目　次

第1章

中小製造業をめぐる経営環境

1節 日本の製造業の現状

（1）日本経済の動向

A. 指標が示す日本経済の現状

「失われた30年」は、GDP の推移を見ると明確に理解できる（図表１－１）。この30年間に亘って他の先進国はそれなりに経済成長しているが、唯一日本だけが経済成長に背を向けていることがわかる。「日本の GDP が世界全体に占める割合は1995年の18% から2020年の６％と３分の１に急落」（丹羽、2021、P.182）した。「日本の経済が奈落の底を30年以上這いまわっている原因は、85年のプラザ合意だという話しがある」（森永、2018、P.18）が、日本のように地下資源も大規模農業ができる広い農地もない国では、加工貿易で外貨を稼ぐしかない。貿易で海外に売れるかどうかは競争力に現れる。図表１－２の国際競争力のランキングの推移を見れば、80年代にトップであった国際競争力首位の地位が今や30位を下回っている。図表１－３の世界企業の時価総額ランキングで1989年にトップに10社中７社いたが2022年では０社になり、日本のトップ企業のトヨタがやっと31位である。

どんな指標が足を引っ張っているのかを図表１－４から見ると、物価、財政、生産性、経営プラクティスなどが下位に沈んでいる。このことからわかることは、日本経済の停滞の原因の一つは（労働）生産性の低さがあるということである。図表１－５にその労働生産性の低さが現れている。

生産性を上げるためには、基礎研究や応用研究の成果を活かして価値の高い製品を作るか、または現場でのオペレーション改善を図る必要がある。前者は、研究開発に資金を投入できていなかったことが図表１－６に示されていることから価値の高い製品への挑戦はしなかったことがわかる。30年前といえばバブルの崩壊があった。それ以来、日本の経済はしぼんでしまった。投資が怖くなったのだろう。教育や研究開発といった基本的な部分にもお金をかけないために、新しいヒット製品もアイデアも埋もれていく。リスクがあるからと挑戦をやめてしまえば、どんどん他国の企業に追い抜かれていく。これが多くの指標で日本が凋

落したことを示している。その結果として、「日本は安い国になった」といわれ不動産、有望な企業、人材などが海外資本に買い叩かれている。また図表1－7に見るように賃金が低く抑えられていることになり、より良い評価を求めて優秀な人が海外へ行ってしまう。売上が上がっていないし利益も上がっていなけ

図表1－1　GDP 推移国際比較

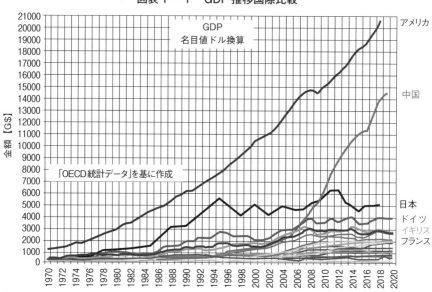

出典：MONOist　ウェブページ https://monoist.itmedia.co.jp/mn/articles/2104/19/news005_2.html
（最終回覧　2023年4月24日）

図表1－2　日本の国際競争ランキングの推移

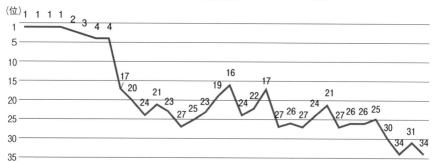

出典：IMD「世界競争力年鑑」各年版より三菱総合研究所作成
https://www.mri.co.jp/knowledge/insight/20220927_2.html　（最終回覧　2023年4月24日）

図表1−3　世界時価総額ランキング推移（1989年⇒2022年）

世界時価総額ランキングTop50 (1989年)

順位	企業名	時価総額(億ドル)	業種	国名
1	日本電信電話	1638.6	IT・通信	日本
2	日本興業銀行	715.9	金融	日本
3	住友銀行	695.9	金融	日本
4	富士銀行	670.8	金融	日本
5	第一勧業銀行	660.9	金融	日本
6	IBM	646.5	IT・通信	米国
7	三菱銀行	592.7	金融	日本
8	Exxon	549.2	エネルギー	米国
9	東京電力	544.6	エネルギー	日本
10	Royal Dutch Shell	543.6	エネルギー	英国
11	トヨタ自動車	541.7	一般消費財	日本
12	General Electric	493.6	工業	米国
13	三和銀行	492.9	金融	日本
14	野村証券	444.4	金融	日本
15	新日本製鐵	414.8	医療関連	日本
16	AT&T	381.2	IT・通信	米国
17	日立製作所	358.2	IT・通信	日本
18	松下電器	357.0	一般消費財	日本
19	Philip Morris	321.4	一般消費財	米国
20	東芝	309.1	IT・通信	日本
21	関西電力	308.9	エネルギー	日本
22	日本長期信用銀行	308.5	金融	日本
23	東海銀行	305.4	金融	日本
24	三井銀行	296.9	金融	日本
25	Merck	275.2	医療関連	米国
26	日産自動車	269.8	一般消費財	日本
27	三菱重工業	266.5	工業	日本
28	DuPont	260.8	原材料・素材	米国
29	General Motors	252.5	一般消費財	米国
30	三菱信託銀行	246.7	金融	日本
31	BT Group	242.9	IT・通信	英国
32	BellSouth	241.7	IT・通信	米国
33	BP	241.5	エネルギー	英国
34	Ford Motor	239.3	一般消費財	米国
35	Amoco	229.3	エネルギー	米国
36	東京銀行	224.6	金融	日本
37	中部電力	219.7	金融	日本
38	住友信託銀行	218.7	金融	日本
39	Coca-cola	215.0	一般消費財	米国
40	Walmart	214.9	サービス	米国
41	三菱地所	214.5	金融	日本
42	川崎製鉄	213.0	工業	日本
43	Mobil	211.5	エネルギー	米国
44	東京ガス	211.3	エネルギー	日本
45	東京海上火災保険	209.1	金融	日本
46	NHK	201.5	サービス	日本
47	American Locomotive	196.3	原材料・素材	米国
48	日本電気	196.1	エネルギー	日本
49	大和証券	191.1	金融	日本
50	旭硝子	190.5	原材料・素材	日本

世界時価総額ランキングTop50 (2022年)

順位	企業名	時価総額(億ドル)	業種	国名
1	Apple	28,281.9	IT・通信	米国
2	Microsoft	23,584.4	IT・通信	米国
3	Saudi Aramco	18,868.9	エネルギー	サウジアラビア
4	Alphabet	18,214.5	IT・通信	米国
5	Amazon.com	16,352.9	サービス	米国
6	Tesla	10,310.6	一般消費財	米国
7	Meta Platforms	9,266.8	IT・通信	米国
8	Berkshire Hathaway	7,146.8	金融	米国
9	NVIDIA	6,817.1	IT・通信	米国
10	Taiwan Semiconductor Manufacturing	5,945.8	IT・通信	台湾
11	Tencent Holdings	5,465.0	IT・通信	中国
12	JPMorgan Chase	4,940.0	金融	米国
13	Visa	4,587.8	金融	米国
14	Johnson & Johnson	4,579.2	一般消費財	米国
15	Samsung Electronics	4,472.9	IT・通信	韓国
16	UnitedHealth Group	4,320.0	金融	米国
17	LVMH Moet Hennessy Louis Vuitton	4,134.3	一般消費財	フランス
18	Home Depot	4,117.1	サービス	米国
19	Bank of America	4,053.0	金融	米国
20	Walmart	4,025.0	サービス	米国
21	Procter & Gamble	3,938.2	一般消費財	米国
22	Kweichow Moutai	3,835.0	一般消費財	中国
23	Nestle	3,762.6	一般消費財	スイス
24	Mastercard	3,637.3	金融	米国
25	Alibaba Group Holding	3,589.0	IT・通信	中国
26	Roche Holding	3,535.1	医療関連	スイス
27	ASML Holding	3,174.8	エネルギー	オランダ
28	Pfizer	3,126.4	医療関連	米国
29	Exxon Mobil	2,916.0	エネルギー	米国
30	Walt Disney	2,810.9	サービス	米国
31	トヨタ自動車	2,807.5	一般消費財	日本
32	中国工商銀行	2,673.0	金融	中国
33	L'Oreal	2,618.8	一般消費財	フランス
34	Coca-Cola	2,605.6	一般消費財	米国
35	Cisco Systems	2,577.8	IT・通信	米国
36	Broadcom	2,557.0	IT・通信	米国
37	Nike	2,484.8	一般消費財	米国
38	Eli Lilly and Company	2,482.3	医療関連	米国
39	Adobe	2,429.9	IT・通信	米国
40	中国建設銀行	2,425.1	金融	中国
41	Chevron	2,410.1	エネルギー	米国
42	Pepsico	2,407.5	一般消費財	米国
43	Abbott Laboratories	2,397.0	医療関連	米国
44	Netflix	2,396.6	サービス	米国
45	Thermo Fisher Scientific	2,392.1	医療関連	米国
46	Abbvie	2,384.4	医療関連	米国
47	Costco Wholesale	2,377.6	サービス	米国
48	Accenture	2,345.3	サービス	アイルランド
49	Oracle	2,337.3	IT・通信	米国
50	Novo Nordisk	2,323.8	医療関連	デンマーク

注1：1989年のデータはダイヤモンド社のデータ（https://diamond.jp/articles/-/177641?page=2）を参照

注2：2022年のデータは Wright Investors' Service, Inc のデータ（https://www.corporateinformation.com/Top-100.aspx?topcase=b#/tophundred）を参照（2022年1月14日時点）

注3：業種は経済産業省の「業種分類表」を元に STARTUP DB 独自の定義により策定（https://www.meti.go.jp/statistics/tyo/kaigaizi/result/pdf/bunrui_48.pdf）

注4：国名は登記上の所在国を記載

出典：Cnet Japan　ウエブページ　https://japan.cnet.com/article/35182623/　（最終回覧　2023年4月24日）

図表 1 － 4　大分類・小分類別にみる日本の競争力順位の推移

	2018	2019	2020	2021	2022
1．経済状況	**15**	**16**	**11**	**12**	**20**
1.1　国内経済	11	21	9	8	27
1.2　貿易	41	44	39	43	49
1.3　国際投資	15	11	9	9	12
1.4　雇用	5	4	2	2	2
1.5　物価	55	59	59	61	60
2．政府効率性	**41**	**38**	**41**	**41**	**39**
2.1　財政	61	59	61	63	62
2.2　租税政策	46	40	41	42	34
2.3　制度的枠組み	18	24	21	24	25
2.4　ビジネス法制	31	31	35	34	36
2.5　社会的枠組み	27	31	29	27	26
3．ビジネス効率性	**36**	**46**	**55**	**48**	**51**
3.1　生産性・効率性	41	56	55	57	57
3.2　労働市場	30	41	45	43	44
3.3　金融	17	18	18	15	18
3.4　経営プラクティス	45	60	62	62	63
3.5　取り組み・価値観	39	51	56	55	58
4．インフラ	**15**	**15**	**21**	**22**	**22**
4.1　基礎インフラ	42	42	44	43	38
4.2　技術インフラ	13	20	31	32	42
4.3　科学インフラ	5	6	8	8	8
4.4　健康・環境	7	8	9	9	9
4.5　教育	30	32	32	32	38

出典：IMD「世界競争力年鑑」各年版より三菱総合研究所作成
https://www.mri.co.jp/knowledge/insight/20220927_2.html　（最終回覧　2023年4月24日）

れば賃金を上げる理由はない。賃金が上がらないと労働者もモチベーションを上げることは難しい。負のスパイラルに入っている。そこで、日本は後者の現場でのオペレーションの改善で労働生産性を上げる方を選ばざるを得なくなった訳である。

　いくつかの指標を見て何が根本的な問題点なのかを考えた時に、図表 1 － 4 のところで足を引っ張っていると指摘した要素のなかで生産性と経営プラクティ

図表 1 － 5　国際的にみた日本の時間当たり労働生産性

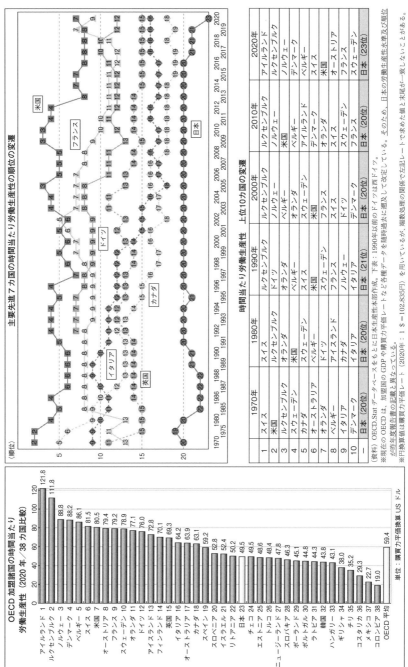

（資料）OECD.Stat データベースをもとに日本生産性本部が作成。下表：1990年以前のドイツは西ドイツ。
※現在の OECD は、加盟国の GDP や購買力平価レートなど各種データを随時過去に遡及して改定している。そのため、日本の労働生産性水準及び順位
　が各年度報告書の記載と異なっている。（2020年：1＄＝102,835円）を用いているが、端数処理の関係で右記載レートで求めた値と末尾が一致しないこともがある。
※円換算値は購買力平価レート（2020年：1＄＝102,835円）（最終回覧　2023年 4 月24日）

出典：共同通信プレスリリース　https://kyodonewsprwire.jp/release/202112144977　（最終回覧　2023年 4 月24日）

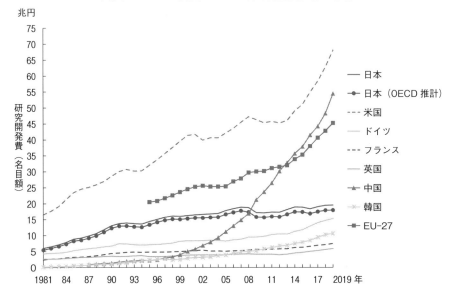

図表1－6　主要国における研究開発費総額の推移

兆円

研究開発費（名目額）

凡例：
── 日本
──●── 日本（OECD 推計）
----- 米国
──── ドイツ
----- フランス
──── 英国
──▲── 中国
──✳── 韓国
──■── EU-27

出典：科学技術・学術政策研究所 HP https://www.nistep.go.jp/sti_indicator/2021/RM311_11.html
（最終回覧　2023年4月24日）

スに着目してみよう。物価や財政は変動要因が多く、挙動が複雑でかつ企業として制御できない部分が大きい。一方、生産性は経営プラクティスの結果であり、経営者の努力で生産性を上げることができるためにセットで考えられる。次項で、この生産性の向上についてもう少し考えてみよう。

B. 生産性が低いとは

　生産性が低いということを、生産性の式「生産性＝産出量÷投入量」（大場・藤川、2017年、P.20）で考えてみよう。この式が教える事実関係は、産出量（例えば、売上高）が低いか投入量（例えば、労働者数、工数、機械設備台数・時間など）が多いか、或いはその両方が起こると生産性は低くなることだ。売上高を稼げないのは、消費者にうける製品が作れないか、売れる市場を見い出せないか、生産能力を上げられないかなどが考えられる。また、投入量が多く掛かるのは、生産に人手が掛かり過ぎているか、機械・設備を有効に使えていないのか、生産前後の調達や配送などに工数を取られているなどの原因が考えられる。

　この生産性の低さを問題視している議論の中には、「生産性と企業規模には相

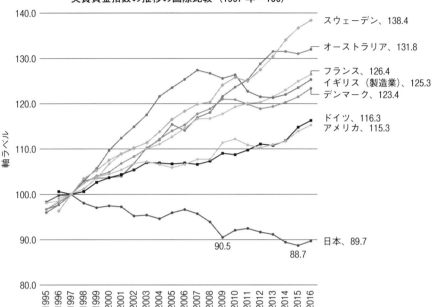

図表 1 － 7　実質賃金指数の推移の国際比較（1997年＝100）

出典：oecd.stat より全労連が作成（日本のデータは毎月勤労統計調査によるもの）。
注：民間産業の時間当たり賃金（一時金・時間外手当含む）を消費者物価指数でデフレートした。オーストラリアは2013年以降、第 2・四半期と第 4・四半期のデータの単純平均値。仏と独の2016年データは第 1～第 3・四半期の単純平均値。英は製造業のデータのみ。

出典：全国労働組合連合　MASA 福祉ブログ　https://masa-welfareblog.com/　（最終回覧　2023年 4月24日）

関関係が確認されている」（アトキンソン、2019年、P.124）更に「産業の分野を問わずに、大企業の生産性が高く、中小企業の生産性が低い」（アトキンソン、2019年、P.126）と中小企業が多い日本の構造的な問題と説明している。

　マクロ分析の結果からこのような説明がされるが、多くの中小製造業の生産現場を見て気づくのは、標準時間や標準作業が設定されていないことによるオペレーション効率の悪さである。生産マネジメントで教えることは、生産時には無駄のない方法で繰り返すことで効率的な生産がされることだ。つまり、効率的な標準作業を標準時間で行えば良い。しかし中小企業では、標準時間を設定するスタッフの不足、作業者間の役割分担と相互支援の仕組みの設定などが難しく、大企業のように生産性を上げることが望めないのである。そこで、『中小製造業＝

低生産性』という構図になっている。これまではそうであったかもしれないが、工夫があれば等号を不等号にできる。その方法を本稿で探っていく。

　また、利益が出そうな仕事は大企業がやり、手間ばかり掛かって数量が少ない仕事が中小企業の役割になっている。それにも関わらず多くの中小企業労働者の方々は黙々と仕事に取り組んで居られる姿を見て割り切れないものを感じるのは著者だけではないであろう。

C.　日本製造業の経営環境の変化

　日本は80年代に国際競争力でトップに立ってから一転、衰退の道をたどった。日本経済は即ち外貨を稼ぐ役割を負っている製造業なのである。その経済活動は、日本国内だけで完結せずに周辺他国との関係の中で捉えるべきである。最近のこの製造業を巡る世界の動きを確認してみよう。

　日本が国際競争力を下げた原因として、新興国の台頭を先ず挙げなければならない。戦後、「所得倍増計画」を旗印に日本の経済成長を牽引した御三家（鉄鋼・造船・自動車）はいずれも重厚長大産業である。韓国、中国、台湾などの新興国が最新技術を使った大規模な設備投資をしたことによって、製品が安価に提供できる。これによって日本の製鉄業は次第に市場を奪われていき、「いまや世界の粗鋼生産量に占める中国のシェアは60％をこえている」（丹羽、2021年、P.86）。「業界勢力図が一変したのは鉄鋼だけに限らず、繊維、家電製品、自動車…と今後次々と日本以外のアジア製に取って代わられるでしょう」（丹羽、2021年、P.87）。日本は化学、半導体・液晶や工作機械などの知識集約型産業へとウエイトを移していった。その半導体も韓国、台湾の企業に後から追い上げられてシェアを失っていった。電機関係の競争の激しさが垣間見える図を図表１－８に示した。日本製品は、どの製品も発売後すぐにシェアが下がっている。どの製品も開発して市場に出すのが日本企業でも大量に生産して売上を上げるのは新興国の企業であり、そのキャッチアップの速度が益々早くなってきている事が恐ろしい。いくら新製品を開発して市場に出しても、コストを下げてシェアを奪うのがアジアの新興国という構図がみえる。

　更に、90年代に生産拠点のアジア各国への移転は、アジア諸国と日本での人件費の違いが20倍位あり、この人件費ではとても国内生産ができなくなったことから「生産拠点のアジア移転」が進展した。その結果国内では、当初は国内工

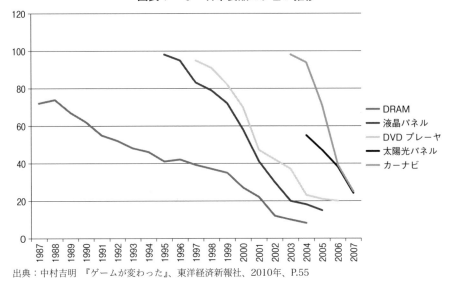

図表 1 − 8 日本製品のシェア推移

出典：中村吉明 『ゲームが変わった』、東洋経済新報社、2010年、P.55

　場がマザー工場となって開発を支援するといった取り組みもあったが、次第に技術がアジアの生産拠点へ流出していった。この動きで日本国内工場の空洞化が進み、駅前はシャッター通りとなり市街地の風景を変え、商業の空洞化へと広がっていった。工場が住民と共に外国に去り、少子高齢化の流れもあって空き家が増えた。地方の空洞化は需要の下落と共に国力の低下へと繋がる。

　環境問題は戦前から足尾銅山の鉱毒問題（1891年）や浅野セメント粉塵問題（1903年）があったが、戦後の経済成長で水俣病（1956年）や四日市ぜんそく（1961年）などの公害問題が起き、大きな社会問題になった。それらへの対応を終えたら、地球温暖化防止京都会議（1997年）での CO 2 削減目標が産業界へ大きなインパクトを与えた。化石燃料の使用を減らす方針に従ってエネルギーの変換、生産プロセスや業務処理方法の変更に迫られるようになった。

　90年代になるとパソコンの普及がビジネスだけでなくて個人的にも常識化していき、大企業だけでなくて中小企業でも ERP を入れるようになった。ペーパーレス化、省力化・省人化、情報の共有化が推進された。一方、ネット経由で多くの IT システムが稼働し、SNS 活用によるプラットフォームビジネスが興隆し GAFA が企業価値のトップを占めるようになった。ビジネスモデルの変換で

ある。製造業もモノ売りからコト売りへと変わっている。

　2011年に発表されたドイツのインダストリー4.0は国家プロジェクトで製造業の復権と称して、あらゆる場所のデータを繋げて高度で合理的なる製造業モデルを提案した。この流れが日本でもコネクティッド・インダストリーとして、現在のDXブームへと繋がっている。

　2019年末に発生した新型コロナによるパンデミックは、グローバリズムで頻繁になった国家間の移動を一挙に抑制する方向に変更された。対面接触や海外出張がなくなり、デジタル技術を使ったリモート会議や在宅勤務が増えた。そんなときに発生した2022年のロシアのウクライナ侵攻で、グローバル経済が勢いを止め、ブロック経済化へと移行している。サプライチェーンの分断化が天災地変だけでなくて、各地で発生する紛争による地政学リスクで一層難しい対応を迫られるようになった。

　これらの多くの問題に対応して、製造業に於いて生産性をいかに上げるかが本稿に課せられた目的である。

　次項では、本項で列挙したマクロな問題を深堀りして、生産現場に於いて対応すべき問題についてみていこう。

（2）日本製造業の動向

A. 需要の多様化

　製造業にインパクトを与える要因は多くあるが、その中でも一番は需要の多様化である。経済が成長してくれば需要量が増え、市場参入企業が増えると当然のように企業間競争が起こる。製造者が複数現れて生産量が増え、競争が激化すると需要の頭打ちになり、モノ余りになる。この状態でライバルに勝とうとすれば、新製品を出し需要を刺激するのが常套手段であり、流れとして多品種化へと進展する。同時に、個々の製品のライフサイクルを短期化させる。「各業界で10年前に比べて製品ライフサイクルの短命化が進んでいる」（木村・村田、2018年、P.17）し、多品種となればその管理には、一層手間がかかる。「需要が多様化に向っていて工場では対応するために多品種生産・小ロット生産・短期間生産を強いられる」（山口、2021年、P.87）ことは段取り替えの増加などコストアップ要因となる。更に「モノづくりが複雑化した結果、組織が複雑になり、ボトム

アップ型の擦り合わせが機能しなくなる」（木村・沼田、2018年、P.87）。

　多品種を一つのラインで生産する場合、段取り替えで対応する。つまり、金型交換や機器の設定変更などをして複数の品目を同一機械またはラインで生産する。当然、単一品目を生産するときに比べて効率は落ちる。トヨタのように日々改善を継続していきシングル段取り（10分以内の段取り時間）までできてしまう企業はそう多くはない。知識蓄積、人手や生産実績の少ない中小企業では段取り替え時間の短縮はかなりハードルが高い。

　多品種への対応方法としてもう一つあるのが「マス・カスタマイゼーション」である。顧客ごとに指定された仕様の変更を効率的に行うことである。高級自転車などは、顧客ごとの自転車の仕様（肩幅、股下、色、材質など）を請けて顧客ごとに CAM で対応するという事例があるが、どんな製品にもこれができるということでもない。これが難しいのは「設計情報と製造情報が BOM の部分で分断されていること」（羽田、2018年、P.115）である。

B.　コモディティ化への対応

　市場に多くの企業が参入するのは避けられないが、機能、品質、デザインなどで差別化を試みても各社似たり寄ったりで結局値段勝負となってしまえば、利益を出せる価格で販売ができない。これをコモディティ化といい、これが進行すると「質の高い良い商品を作ればうれるとモノづくりに固執した考えによって顧客に支持されるものを生み出せなくて生産性の低下を招く」（小林、2022、P.22）ことになる。

　ただし、コモディティ化した製品でも「IoT を使って生産工程を見える化し生産性向上に繋げる取組みで僅かなコスト競争力の差で勝負」（木村・沼田、2018、P.218）する方法もある。マーケティングの世界では、コモディティ化の対策としてブランド化を挙げているが、それができればコモディティ化にはならないという反論もある。

C.　海外展開

　1990年代に大挙して中国を中心とするアジアへ生産拠点を移した製造業は、必ずしも成功した訳ではない。成長著しい中国市場での売上を諦めるのは合理的ではないというものの、地元のベンダーの質や商習慣に悩まされたことはよく知

られている。それによって日本ではあまり経験しない「競争力の源泉となるノウハウが盗まれて、競争力が失なわれた」（小宮、2021、P.30）ということから撤退する企業もある。

　また、1990年代に人件費の安さでアジアに進出した企業は、この30年の賃金の据え置きで進出したアジアの国よりも低くなり、国内回帰という皮肉な現象も起こっている。

　近々の経済ブロック化が更に状況を複雑にしている。ロシアのウクライナ侵攻を契機に、西側自由主義国群（米国、EU、日韓豪など）と専制主義国群（中国、ロシア、イランなど）の政治的・軍事的な対立が経済のブロック化へと進んでいく危険性を孕んでいる。この二極にグローバルサウスがどう絡んでくるのか。それに応じてグローバル市場が狭く、また硬直化したものになりつつある。一企業の努力や一つの国の努力でどうなるものでもないが、今後製造業がビジネスを展開するときに、調達・生産・販売・研究開発・輸配送オペレーションに於いて大変大きな制約となってくることは避けられない。

D．環境問題

　公害問題については、1970年代に多く発生したが、基本的には経済問題である。大気汚染で言えば、脱硫装置を付ければ NoX、SoX などの排出を抑えることができることが分かっており、日本ではその対応が済んでいると考える。

　ゴミの問題は、排出量の削減と最終処理問題である。３Ｒや生産プロセスの見直しが進んでいる。残る問題は、廃棄を予め考慮に入れた製品設計とゴミの低コストでの物流であり、これらの問題解決に注力することが望まれている。

　一方、CO２排出問題は、主要エネルギーの変換、生産プロセスの見直し、モーダルシフトなどこれからもビジネスモデルの提案を含めて新しい取り組みが期待される。

E．情報化

　日本の七不思議の一つが情報リテラシーの低さである。ノーベル賞受賞者の多さや技術大国といわれている反面、IT 活用度が低いことが指摘されている。図表１－９に世界の国別のインターネット利用者数を表している。日本は世界６位で118万人余である。

図表 1 − 9 インターネット利用者数（万人）

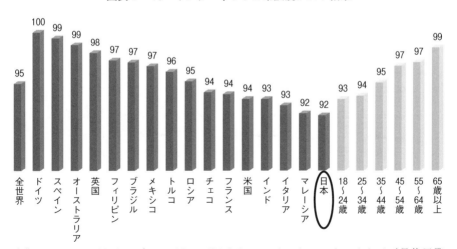

China	829
India	560
United States	292.89
Brazil	149.06
Indonesia	143.26
Japan	118.63
Nigeria	111.63
Russia	109.55
Bangladesh	92.06
Mexico	85
Germany	79.13
Turkey	69.11
Philippines	67

出典：IT COM @ ASS ウ ェ ブ ペ ー ジ https://itinfoshop.com/gap-internet-
knwoledge/ （最終回覧 2023年 4 月24日）

図表 1 − 10 インターネットの常識度テスト結果

全世界	ドイツ	スペイン	オーストラリア	英国	フィリピン	ブラジル	メキシコ	トルコ	ロシア	チェコ	フランス	米国	インド	イタリア	マレーシア	日本	18〜24歳	25〜34歳	35〜44歳	45〜54歳	55〜64歳	65歳以上
95	100	99	99	98	97	97	97	96	95	94	94	94	93	93	92	92	93	94	95	97	97	99

出典：IT COM @ ASS ウ ェ ブ ペ ー ジ https://itinfoshop.com/gap-internet-knwoledge/ （最 終 回 覧
2023年 4 月24日）

　ところが、人口数で割り、インターネットの利用率を見ると日本は1.18％、中国の8.79％、インドの5.6％と比べたらかなり低いことが分かる。また、2015年に行ったインターネット常識度テストの結果を図表１－10に示す。日本は、最下位の92％であった。先進国平均95％よりも低い。日本のインターネット常識力は低いと言わざるを得ないところだ。これらのことから日本人の情報リテラシーは低いと判断されている。今後、DXのプロジェクトを進めていくためには、情報リテラシーの低さは足枷になりそうだ。

（3）中小製造業の動向

A．概況

　日本の中小製造業は、資本金３億円以下、または従業員300人以下の条件に当てはまる製造業である。大企業の下請けとして成長してきた企業が多いと言われ、業種が偏っている。多くある業種は、金属加工、メッキ・塗装、部品・部材加工、印刷、食材加工、などである。絶対にない業種は、投資額が大きい半導体前工程、高炉による製鉄、製剤、石油精製、大型船の造船、輸送機械、航空機、建設機械などの大型機械や作業者が多数要る自動車組立、家電組立、などである。

　図表１－11にあるように、中小製造業で営業利益率が高いのは最終製品に絡むBtoC部分であるとアンケートで答えているが、実際に担当している部分は最終製品メーカー向けのBtoBである。

　日本の中小企業は420万社もあり、民間企業に占める割合は99.7％である。ドイツも99.5％が中小企業という点は日本と同じであるが、６割を輸出で稼いでいることが大きく違う。日本の中小企業は３割程度で、７割は個人消費で食っていることを示す。「海外からの所得移転なしに、政府が作り出した内需でしか食えない中小企業が７割を占めることは問題」（成毛・冨山、2022年、P.23）である。

B．DX化の進展可能性

　形成プロセスから構造的に図表１－12に示す問題点を抱えていることが多い。売上規模とスタッフが不足して充分にDXへの対応ができていないという構図に

図表１－11　営業利益が高いと考えられる領域

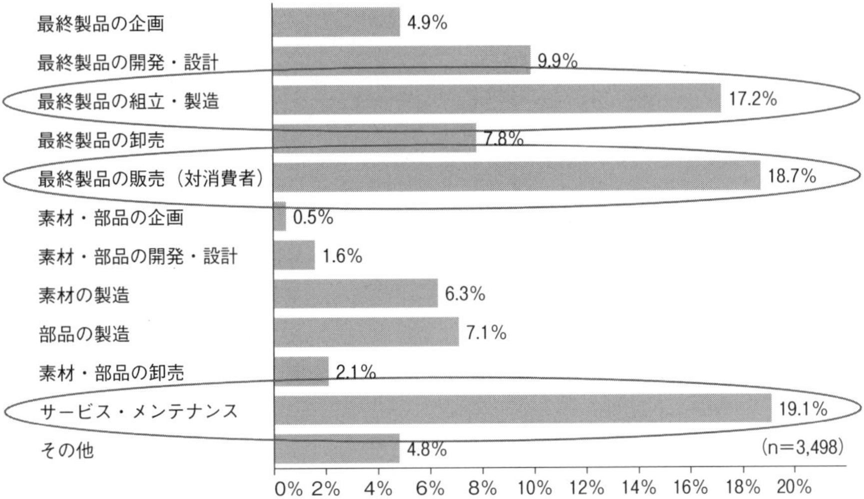

最終製品の企画 4.9%
最終製品の開発・設計 9.9%
最終製品の組立・製造 17.2%
最終製品の卸売 7.8%
最終製品の販売（対消費者） 18.7%
素材・部品の企画 0.5%
素材・部品の開発・設計 1.6%
素材の製造 6.3%
部品の製造 7.1%
素材・部品の卸売 2.1%
サービス・メンテナンス 19.1%
その他 4.8%
(n=3,498)
0% 2% 4% 6% 8% 10% 12% 14% 16% 18% 20%

資料：（株）東京商工リサーチ「中小企業の付加価値向上に関するアンケート」
出典：中小企業庁 HP　https://www.chusho.meti.go.jp/pamflet/hakusyo/2020/chusho/b２_１_3.html
（最終回覧　2023年４月24日）

図表１－12　中小企業の構造的特徴

大企業の下請け
スタートアップ企業
受注生産である
売上規模が小さい
従業員数が少ない
規模の非経済性
スタッフ不足
生産管理が不備
交渉力がない
設備が過少・古い
自動化の遅れ
生産性が低い
低賃金
労働環境が悪い

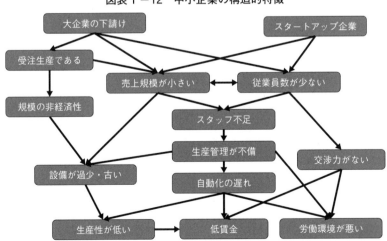

出典：著者作成

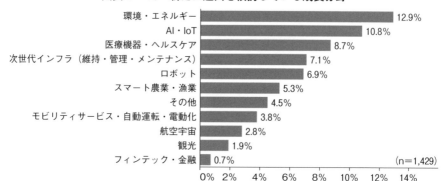

図表1－13　新たに進出を検討している成長分野

資料：（株）東京商工リサーチ「中小企業の付加価値向上に関するアンケート（2019年）」（2020年版中小企業白書第2-1-31図）
（注）1. 複数回答のため、合計は必ずしも100％にならない。
　　　2. 新たに成長分野に進出を検討している企業数と進出を検討していない企業数の合計値（n=1,429）に対する回答の割合を集計している。
出典：https://www.chusho.meti.go.jp/pamflet/hakusyo/2021/chusho/b2_1_4.html

　なっている。図表1－13によれば、新たに進出したい分野としてIoTなどへの関心は高いが実行はどうなのであろうか。また、図表1－14によると、ITツールの導入状況では生産管理ツールはまだ40％にも達していない。これらのことから希望と現実には乖離があると言わざるを得ない。

　希望と現実の乖離は、人材不足、資金不足、情報不足が主要な要因のようにみられるが、「実は中堅・中小企業ほどDXに取り組みやすい」（野口・長谷川、2020年、P.74）。大企業のように社内サイロがあり動くに動けずといったことがない。むしろ、中小企業の方がDXに向いているのではないかという次の記述もある。「中小企業こそ日本のDXの中心になる。デジタル化が遅れていた分、コロナの危機下だからこそ大きく変われる余地がある。労働者の8割が働く中小企業は人手不足に直面する。人口減が進み、生産性を高めないと会社が存続できなくなる。DXは会社の構造を変えることだが、急に変わることは難しい。まずは目の前の経営課題に対峙し、業務を見える化して整理すべきだ」（日本経済新聞2021年9月2日朝刊12面）。

図表 1 － 14　IT ツール・システムの導入状況

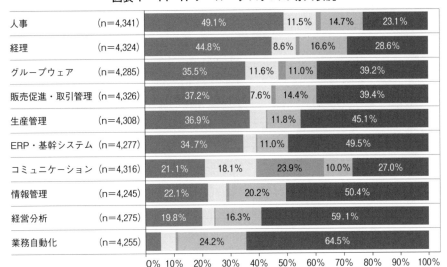

資料：（株）野村総合研究所「中小企業のデジタル化に関する調査」
（注）「人事」とは、勤怠管理・給与計算、人事労務管理システムなどを指す。「経理」とは、経費精算やクラウド会計などを指す。「グループウェア」とは Microsoft 365 やサイボウズグループウェアなどを指す。「販売促進・取引管理」とは、EC サイトの構築や顧客管理システム（CRM）、営業管理システム（SFA）、POS システムなどを指す。「生産管理」とは、CAD システムや工程管理システムなどを指す。「コミュニケーション」とは、ビジネスチャットやウェブ会議システム、SNS などを指す。「情報管理」とは、オンラインストレージなどを指す。「経営分析」とは、BI ツールによるデータの収集・分析・加工などを指す。「業務自動化」とは、RPA などを指す。

出典：野村総研

C．中小企業の生産性

　大企業と比べて中小企業の生産性の低さは、数字を示さなくても知られているが、海外はどうかということでドイツの中小企業と比べてみる。「中小企業に注目するのは、あまりに中小企業の生産性が低いからだ。例えば、ドイツの中小企業の生産性は、大企業の生産性に対して68.3% である。欧州全体では66.4% だが、日本は50.8% しかない」（アトキンソン・竹中、2021年、P.63）ということからも裏付けられている。

（4）総括

　本節では、この30年間の日本経済、日本製造業そして中小企業の動向を見てきた。残念ながら、日本の経済はずっと凋落の一途をたどっている。日本の経済を牽引してきた製造業の動きをみると、この30年間に起こった環境の変化に上手く対応できていなかったと考えられる。需要の多様化、競争の激化、海外展開、環境問題、情報化という一連の内外の変動に揺さぶられて、国民の勤勉な努力や地道な研究成果を無駄にしてきた。では、何が足りなかったのであろうか。仮説として、「経営者のリーダーシップ不足故の生産性の低さが原因」を挙げたい。

　日本の製造業は二重構造で、大企業が生産性の高い部分を担い、生産性の低い部分を担当しているのが中小企業である。そこで、中小企業の動向を確認すると、案の定ライバルのドイツよりも生産性が低いし、DX への対応もできていない。ということは、ここを切り口にして逆転はできないだろうかという期待を抱くことになる。次節以降で本書のタイトルである「中小製造業の DX」について可能性を検討してみよう。

2節 海外の動きと政府の政策

（1）インダストリー4.0

A. ドイツ

　現在の DX ブームの奔りになったのが、2011年に発表された『インダストリー4.0』である。そこで目指すものは生産システムのデジタル化によって製造業に革命を起こすことである。これまでドイツ経済を支えてきた従業員500人以下の中小企業がグルーバル化と IT 化に遅れて衰退するのを避けるために、ネットワーク経由で自動化された生産を可能とする通信規格の標準化や参照アーキテクチャーの構築を目指す。

　ところが、「ドイツ電気電子工業連盟が2014年末に発表したアンケートによると、回答企業の75％が『インダストリー4.0を実行したい』と答えていたが、実際に運用を開始した企業は 7 ％にすぎなかった」（熊谷、2017年、P.119）ということで本家のドイツでも停滞している状態がわかる。その原因として囁かれているのは、機械製造業界と IT 業界の対立である。ドイツの機械業界は伝統的に世界を引っ張る気概を以って仕事をしてきた。一方、ERP で世界一のシェアを誇る SAP は IT 業界で重きをなしている。当然、どちらが主導権を取るかといった争いは不可避であろう。対立の根底には、「IT 業界はスピードを重視し、機械製造業界はスピードよりも時間をかけた品質向上を重んじる」（熊谷、2017年、P.123）という文化の違いがある。これはまた経営思想の違いでもあろう。

　「ドイツは新興国の労働コストの安さを武器に世界工場を担い始めているのに追いつかれると空洞化の危機感」（大野、2016年, P.14）に気づき、「水平（企業間）と垂直（サプライチェーン）全体をサイバー空間上に再現し、生産活動をコントロールすると言うコンセプト」（大野、2016年, P.15）に至った。このコンセプトで構築された工場を『スマート工場』と呼ぶ。

　この技術政策とも言える「インダストリー4.0」は、第 4 次産業革命の牽引車の役割は果たしたが、最近では『DX』という言葉の影に隠れてしまったようになっている。

B. アメリカ

アメリカは1985年に第４次産業革命の基礎インフラとなる分散通信ネットワーク（ARPANET）を基に軍事、研究開発用にネットワーク技術を展開していった。ドイツのインダストリー4.0を受けて、2014年に IBM、GE、インテル、シスコシステム、AT＆T がインダストリアル・インターネット・コンソーシアム（IIC）を立ち上げた。「IIC は、インダストリー4.0プロジェクトを推進するドイツのリーダーをメンバーに迎え、世界のデファクト・スタンダードとして同じ方向を目指して進んでいる」（尾木、2020年、P.203）。

C. 中国

そもそもドイツが世界の工場となった中国をドイツのデジタル製造業のノウハウを販売する先として国レベルでのパートナーと考えたことから、中国では「習近平政権はハイテク産業育成戦略『中国製造2025』で、半導体自給率は2025年に70％まで高める遠大な目標を設定」（丹羽、2021年、P.149）している。

一方で、中国は2008年に『千人計画』といって世界中から研究者を招致する事業を興している。日本の立場や研究者育成計画としての議論については言及を避けるが、中国にとっては世界の工場として雇用を確保し、プレゼンスを示すための製造業の育成政策として必要なのであろう。

（２）第４次産業革命の推進状況

A. 第４次産業革命とは

インダストリー4.0の動きを受けて、世の中は「第４次産業革命」と称した製造業を中心とする動きが起こった。これまでの４回にわたる産業革命を図表１－15にまとめた。

本書のテーマである DX は、この第４次産業革命の発展した形態である。

B. 第４次産業革命で各社の動き

製造業の動きが活発なドイツ、アメリカ、中国、日本の企業を何社かピックアップした動きを図表１－16にまとめた。

C.　第 4 次産業革命の及ぼす影響

　第 4 次産業革命という概念で様々なデジタル技術が導入された。IoT、3 D プリンター、知能ロボット、AI（人工知能）、ビックデータ、RPA、ERP、画像処理、機械学習、……と、百花繚乱の状態になっている。それらの登場が産むことになるアプリケーションのいくつかを下記に箇条書きする。

・モジュール化で繋がるモノづくり
・バーチャルとリアルが繋がる製品開発
・複雑化・巨大化するプラント制御
・3 D プリンターによる輸配送の省略
・ビックデータを活用した故障の予知

図表 1 −15(a)　第 1 〜 4 次産業革命

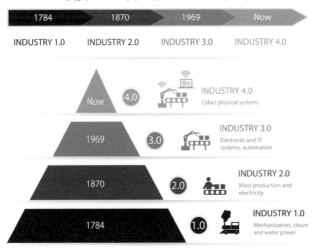

出典：データの時間　https://data.wingarc.com/5th-industrial-revolution-24123　（最終回覧　2023年 4 月24日）

図表 1 −15(b)　第 1 〜 4 次産業革命

第一次産業革命	第二次産業革命	第三次産業革命	第四次産業革命
18 〜 19 世紀初頭 蒸気機関、紡績機など軽工業の機械化	19 世紀後半 石油、電力、重化学工業	20 世紀後半 インターネットの出現、ICT の急速な普及	21 世紀 極端な自動化、コネクティビティによる産業革新※

※ダボス会議 UBS 白書（2016 年 1 月）
"Extreme automation and connectivity: The global, regional, and investment implications of the Fourth Industrial Revolution"

革命	特徴
第 1 次 産業革命	18世紀後半、蒸気・石炭を動力源とする軽工業中心の経済発展および社会構造の変革。イギリスで蒸気機関が発明され、工場制機械工業が幕開けとなった
第 2 次 産業革命	19世紀後半、電気・石油を新たな動力源とする重工業中心の経済発展および社会構造の変革。エジソンが電球などを発明したことや物流網の発展などが相まって、大量生産、大量輸送、大量消費の時代が到来。フォードの T 型自動車は、第 2 次産業革命を代表する製品の 1 つといわれる
第 3 次 産業革命	20世紀後半、コンピューターなどの電子技術やロボット技術を活用したマイクロエレクトロニクス革命により、自動化が促進された。日本メーカーのエレクトロニクス製品や自動車産業の発展などが象徴的である
第 4 次 産業革命	2010年代現在、デジタル技術の進展と、あらゆるモノがインターネットにつながる IoT の発展により、限界費用や取引費用の低減が進み、新たな経済発展や社会構造の変革を誘発すると議論される

出典：総務省「第 4 次産業革命における産業構造分析と IoT・AI 等の進展に係る現状及び課題に関する調査研究」（平成29年）

図表 1 - 16　第 4 次産業革命の注目企業の動き

企業名	国	業界	実現
アディダス	ドイツ	運動靴	顧客起点のマスカスタマイズ製品を 3 D プリンターを活用したツールを製作して販売～輸送費と人件費を抑制
ボッシュ	ドイツ	自動車部品	センサーをシステムとセットで販売（デジタルプラットフォーム）、デジタルプラットフォームを活用したコンサルティング
シーメンス	ドイツ	エネルギー	ソフトウエアメーカーを買収してソフト事業に進出～デジタル・ファクトリー部門のモジュール生産、デジタルツインの導入を支援
フォルクスワーゲン	ドイツ	自動車	EV 専用のパワートレインを開発
amazon	アメリカ	EC サービス	AWS でクラウド・コンピューティング・サービス開始～薄利な EC を補うプラットフォーマー支援
マイクロソフト	アメリカ	ソフトウエア	クラウドコンピュータサービスで IoT 化を支援
テスラ	アメリカ	EV	ポルシェを上回る走行性能を有する EV の開発及びネットへの接続で自動運転機能を向上
アリババ	中国	EC サービス	アリペイにエスクロー口座を使った信用保証の仕組みで EC 市場を興隆させた。更に、金融サービスにも進出 QR コードによる自動決済が進展。
テンセント	中国	EC サービス	ウィーチャットにオンライン決済機能やゲーム機能及び医療映像を使った医療サービスまで乗せたデジタルプラットフォーマーとなる
ディディ	中国	配車サービス	AI とビックデータを駆使し手待ち時間を短縮させたタクシー配車サービスのプラットフォーマー
デンソー	日本	自動車部品	製造現場で IoT を活用して現場を見える化し、その上でデジタルによる自動化している
ヤマザキマザック	日本	ロボットメーカ	全ての生産活動をデジタル化したスマート工場で工作機械が工作機械を作る工場で、多品種少量のマスカスタマイズ生産を実現
ユニクロ	日本	アパレル	POS データから生産・販売計画をたて、情報製造小売業を実現させたファブレス経営

出典：尾木蔵人『第 4 次産業革命』東洋経済新報社、2020年、第 3 章から著者作成

（3）日本政府の取組

A. DX レポート（2018年、2021年）

　日本の DX 政策の司令塔である経済産業省が発表した2018年のレポートでは『2025年の崖』と称して2025年までに DX ができないと GDP が上がらないと警告している。また、2021年のレポートでは一歩踏み込んで、デジタル革命後の姿を『デジタル産業』として説明している。

B. DX 推進ガイドブック

　DX 推進のために経営者が抑えるポイントを明確化したガイドラインを2018年12月に発表した。経営戦略、コミットメント、推進体制などについて指摘している。その後、2020年に改訂された。図表1－17にその構成を示す。

C. コネクティッドインダストリー

　政府は、2017年3月にドイツで開催された「ドイツ通信見本市」において、安倍総理（当時）と世耕経済産業大臣（当時）他が出席し「Connected Industries」の概念（図表1－18）を提唱した。目指すべき未来社会である「Society 5.0」を実現するためにこの概念を実現すると宣言した。

D. DX 補助金

　政府は、約200種類ほどの公的補助金と約80種類ほどの公的助成金を設定している。特に、中小企業には比較的簡単に活用できると言われている。タイトルも「モノづくり補助金」、「IT 導入補助金」、「事業再構築補助金」、「キャリアアップ助成金」などとどれにも当てはまるように豊富に用意されている。このことを見ても、今 DX に取り組まない中小企業は何を考えているんだということになる。

　中小企業支援は、公だけでなくて民間企業からも用意されている。「KDDI などが出資者となって中小企業の DX を軸とするファンドを立ち上げた背景には中小企業の改善余地が大きいことがある。DX を実行または検討中の中小企業は、4割にとどまり、アナログ文化が根強く残る。それだけ DX で生産性を高められる余地は大きい」（日本経済新聞 2021年10月7日 朝刊9面）ので鋭意進めるべきである。

図表 1 −17　DX 推進ガイドラインの構成

(1) DX 推進のための経営のあり方、仕組み	(2) DX を実現する上で基盤となる IT システムの構築	
	(2)-1　体制・仕組み	(2)-2　実行プロセス
1.　経営戦略・ビジョンの提示	6.　全社的な IT システムの構築のための体制	10.　IT 資産の分析・評価
2.　経営トップのコミットメント	7.　8.　全体的な IT システムの構築に向けたガバナンス	11.　IT 資産の仕分けとプランニング
3.　DX 推進のための体制整備		12.　刷新後の IT システム：変化への追従力
4.　投資等の意思決定のあり方	6.　事業部門のオーナシップと要件定義能力	
5.　DX により実現すべきもの：スピーディーな変化への対応力		

出典：経済産業省 HP　https://www.clouderp.jp/blog/understand-dx-guidelines.html　（最終回覧　2023年 4 月24日）

図表 1 −18　コネクティッドインダストリー構想図

事業所・工場、技術・技能等の電子データ化は進んでいるが、それぞれバラバラに管理され、連携していない

ASIS

データが AI 等によって比較検証・分析され、技術が進歩

事業所間・部門間のデータがつながり、生産性が向上

製品・サービスのデータが生産者等とつながり、サービス向上

TOBE

人と AI・ロボットがつながり、働きやすい職場に

技能がデータ化され、後世に伝承

地域・中小企業への面的展開

データがつながり、有効活用されることにより、技術革新、生産性向上、技能伝承などを通じた課題解決へとつながります。政府は「Connected Industries」を、Made in Japan、産業用ロボット、カイゼン等に続く、日本の新たな強みにするためにこれらを支える横断的支援策を早急に整備しています。

出典：経済産業省 HP（最終回覧　2021年 4 月）を加工

（4）DX 推進への問題

　DX を推進することにもろ手を挙げて賛成せざるを得ないトレンドになっているが、これを喜んでばかりもいられない。その警鐘を鳴らしておきたい。それはデジタル赤字の問題である。「日本の企業や個人が使う海外の IT サービスへの支払いが急速に膨らんでいる。IT 大手が提供するネット広告やクラウドサービスなどの利用が増え、デジタル関連の国際収支は2022年に4.7兆円の赤字になった。デジタル分野の競争力の弱さが経常収支に響く。モノの輸出で稼ぐ力も陰ってきており、産業構造の転換が欠かせない。」（日本経済新聞 2023年2月9日朝刊 1 面）

　また、DX 理論についても「最近の DX 論には共通する物足りなさがある。技術的なブレーク・スルーやアジャイルなどの方法論にばかり光が当てられ、肝心の企業戦略や事業戦略を組み立てる戦略論との結合が弱い」（ベイカレント・コンサルティング、2021年、P.4）という批判もある。

　これらの指摘は、DX 推進をやめようというものでは決してなく、むしろ物事は良い面だけではなく、投資にはコストが掛かるということである。これらの投資以上の効果を上げることである。

　ドイツがインダストリー4.0で足踏みしているという話を前項で記述した。その後日談であるが、IoT の普及でミッテルシュタント（中小企業のこと）をターゲットに行う方針にした。労働組合を巻き込んで、インダストリー4.0を導入することは首切りに繋がるのではなくて、労働効率化・省力化に繋がるという認識を共有した。20年間で290万人の労働人口が減少するドイツではそれを活用しないという選択肢はない。「ドイツの労働組合はインダストリー4.0の発展プロセスに関わることによって、デジタル化が就業者の大量解雇などに繋がらないように監視したり、影響を行使したりしようとしている」（熊谷、2017年、P.151）。

　このドイツのアプローチは、そっくり日本でも使えるであろう。

（5）総括

　今節では、先進国の DX に関する動きと日本政府の施策などを見てきた。そこで痛感させられることは、やはり産業の中心が工業であるという厳然とした事実

である。インダストリー4.0の言い出しっぺのドイツだけではなくて、次の世界の工場たらんとする中国も、世界一の経済大国のアメリカも製造業へ注力している。それは（第 1 次）産業革命以来、先進国に於いては製造業が産業全体を引っ張っている役割を担っていることがある。恒に工業が産業のベースにあり、農業も工業化することで生き残ろうとしているし、商業・サービス業も工業で使われている技術を転用することで生産性を伸ばしてきたことからも明白である。

　その工業の行き詰まりは、機械化、自動化、情報化と続くアプローチでブレーク・スルーされると考えて進めてきた。しかしながら、必ずしも上手くいかなかった経緯を本章の冒頭から見てきた。これは、戦略ミスではなくて戦術ミスではないか。次節から戦術の検討に入っていく。まずは、ターゲットを絞る事から始める。

3節 製造業浮上の処方箋

（1）日本の製造業は敗戦か

　1節に日本の製造業は没落していると述べたので、もう日本の製造業は敗戦なのかと思わせてしまったかもしれない。このまま日本の製造業が衰退したらどうなるか。図表1−19によれば、日本の輸出額に占める工業製品の割合は2017年で約90％を占めていることから、工業を捨ててしまえば外貨を稼ぐ手立てを失ってしまう。また、製造業のGDPに占める割合は22％で図表1−20によれば、ドイツと同様であるが、中国の40％は世界の工場になっている。

　日本の産業界全体がダメになり、日本経済もマイナス成長になれば、政治や安全保障にも悪影響を与えることになる。平和憲法のおかげで軍備力を増強できない日本は、日本の軍事力が世界6位だと報道がされてもどの国も全く日本の脅威を感じない。その証拠にミサイルを撃ち込む国や毎日平気に領海を侵犯してい

図表1−19　輸出に占める工業製品の割合ランキング

順位	国名	比率（%）
1	カンボジア	94.57
2	中国	93.93
3	イスラエル	92.29
4	日本	89.56
5	ボツアナ	88.39
6	チェコ	87.58
7	スイス	87.22
8	韓国	85.08
9	アイルランド	85.06
10	スロバキア	84.27
平均		44.59

出典：2012年 世界銀行（IBRD）、ウエブ：世界ランキング http://top10.sakura.ne.jp/IBRD-TX-VAL-MANF-ZS-UN.html　を基に作成（最終回覧　2023年4月24日）

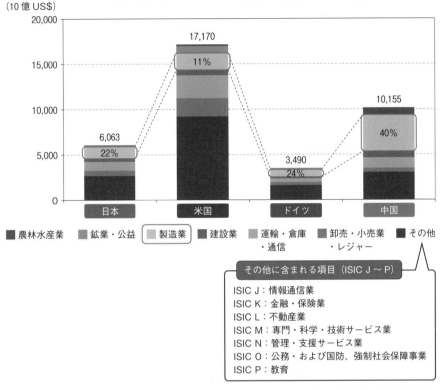

図表 1 −20　製造業の GDP に占める割合の 4 か国比較

4 か国の実質 GDP のうち各国製造業が占める割合（2017 年）

（備考：中国の「製造業」には「鉱業・公益」を含む）
（資料：United Nations "National Accounts Main Aggregates Database"：GDP and its breakdown at constant 2010 prices in US Dollars より経済産業省作成

出典：経済産業省「2019 年版ものづくり白書」より抜粋、IoTNEWS にて編集）

出典：ものづくり白書2019　ウエブ：IoT News　https://iotnews.jp/manufacturing/130075/　（最終回覧　2023年 4 月24日）

る国が隣国にあるが、日本政府は抗議をするだけだ。もし日本の科学技術が世界を席巻していれば、想像もつかないような武器を作り出すかもしれないという恐怖を与えることもできる。科学技術も経済力も落ちていれば、バカにされるだけだ。つまり、現在では製造業だけの敗戦では済まずに、国家安全保障にも影響を及ぼす程の失態になることを意識しなければならない。

　この30年間が不幸な時間だったなどと他人事のように嘆くのではなくて、ど

うにかして日本経済が再浮上しなければならない。日本の第一次産業はほとんど競争力がないことは小学校の社会科の教科書にある。第三次産業の商業、サービス業、金融業、IT 産業なども競争力が低い。そして最後に残るのが製造業だけなのである。落ちぶれたりとは言えども、日本の製造業には遺産がまだ残っている。海外から日本の中小企業を買いに来ているというのもその証拠である。唯一の選択肢である製造業再生への第一歩が製造業の再浮上であり、再構成のシナリオを描くために良い点を見てみよう。

　海外から評価が高いのは日本の応用技術や現場のエンジニアの能力と労働者のモラールと言われている。また、生産管理技術も優れていて、日本発や日本で確立された手法でグローバルスタンダードとなった QC サークル、品質管理、トヨタ生産方式、セル生産などがある。それらは生産現場での改善で磨かれた。

　「日本企業はトヨタ生産方式をはじめとした現場での仕組み、熟練技能者のノウハウや自律的オペレーションに基づき、圧倒的な生産性とコストを実現し、欧米企業を苦しめた」（小宮、2021年、P.77）のである。一方、「人や熟練者の動きはデジタル化が難しいので……デジタル化のなかでホワイトスペースとなっていた部分であり、かつ日本の製造現場として強みを展開していくうえでの機会となり得る」（小宮、2021年、P.180）。つまり、各工程・現場の技術のデジタル化ができれば競争力が持てる可能性がある。その意味でデジタル化の必要性と可能性を主張するものである。

（2）DX で日本の製造業は復活

　日本の製造業は優秀であったという話はあっても、これからはどうなるのだろうか。本章の冒頭部分で、製造業で生産性を上げるには、売上を上げるか原価を下げるかしかないと述べた。第一の方法である「売上を上げる」ためには研究開発・商品開発で付加価値製品を創造することが必要である。それは、ソニーなどの一部の成功を除いて日本人は苦手であり、成功確率は低いことを歴史が教えている。それで良いのかという反論もよく分かるが、この追い込まれた状況でわざわざ苦しい条件で勝負するのはあまりにリスキーと言わざるを得ない。

　そこで、第二の方法である「原価を下げる」という面白くもない方法にしがみつくことになる。「乾いた雑巾をこれ以上絞るのか」という悲しい声が聞こえて

くるが、本稿で取り上げる DX はこれまでの現場改善とはちょっと違う。基本的に「作業方法」を変えるのではなくて、「作業管理方法」を変えるのだ。そう言うと、「いやいや、既に生産管理パッケージを入れたりしてやっているよ」と反論する向きもあるのはよく分かっている。しかし、生産現場で生産管理パッケージや自前で作った生産管理システムは本当に役立っているだろうか。4 章 3 節の事例でも挙げるように、役に立っていない、用意された機能の半分も使っていない。これをどう変えるかを提案するとすれば、「何を管理してどうしたいのかを考えてパッケージを入れているか」と問いたい。これに、「納期管理をしたいのでパッケージをいれました」と返事されるであろうが、次に質問したいのは「その現場では何が納期遅れをもたらすのでしょうか、それを把握して、それを抑えるメカニズムがパッケージに入っていますか」と問いたい。「十分な問題の解析と解法のメカニズムを構築しないとソフトウエアは意味がない」と考える。例えば、納期に影響する要因はいくつか存在するが、それらの情報をリアルタイムに集めて相互に判断して遅れの発生を回避するようなアクションを取れば良い。このようなストーリーを実現できる手段としてデジタルツールを組み合わせたシステム（これを DX と称している）を作れば、第二の方法が実現できる可能性があると考える。

　どこかの生産現場にこの仕組を作ったからといって、日本の製造業が一気に復権するなどとほらを吹くつもりはない。一歩一歩現場での DX 化を積み重ねていくことで、少しずつ日本製造業の遅れを取り戻して行こうというのが、本稿の訴えであり、提案である。従って、DX へのターゲットは（中小）製造業としている。

（3）製造業の DX 成功パターン

　製造業で成功する DX の形態には、プラットフォーム化、サービス産業化、スマート工場の 3 つのタイプがある。以下にそれぞれについて成功例を示す。

A．プラットフォーム化

　GAFA のようにポータルサイトを立ち上げて EC を行うのがプラットフォーマーである。サプライチェーンに於ける商品の管理を行う場合もある。製造業の

場合には、「自社の製造ライン構築のノウハウを元に他社の支援をする」（小宮、2021年、P.86）ビジネスモデルが考えられる。ネットで情報発信することは最早どの企業でもやっており、製造会社にとっては自社の技術を売る方法は製品を作って売るだけではない。技術をベースにコンサルティングや製造請負をするというモデルも存在する。

B. サービス産業化

「競争力のある部品やサービスの提供によって付加価値や利益を生み出す」（尾木、2020年、P.54）モデルがこのカテゴリーである。元来製品が持っている機能や価値をデジタルツールを使って高めるアプローチである。色々な方法があるが、製品を売っただけで終わりにすると、販売時にお金を貰うだけであるが、顧客との関係を継続することでリピートオーダーを貰う事である。例えば、建設業界は建築工事をして工事代金を貰って終わりだと多くの工事は薄利であるから、建設会社は長持ちしない。どの建物も50〜60年間は使われるが、水回りやエレベータなどメンテナンス工事が毎年必要になる。この工事は施工業者に必ず行く、何故なら施工を担当した会社がその建物の詳細に詳しいからである。つまり、建設会社のこのメンテナンスを一般の工業製品でもできないかというモデルである。

C. スマート工場

「製造施設、工作機械、部品、製品などを無線センサー情報システムなどによって接続することによってバーチャルな世界とモノの世界を繋ぐ架け橋が産まれる。デジタルな現実とモノがお互い交信し、シンクロナイズする」（熊谷、2017年、P.22）工場がスマート工場である。インダストリー4.0に出てくるモデルはこれである。この世界では機械と部品・製品が相互に交信することで生産・物流の効率化が進展する。人が介在しなくても自動的に生産が進捗する。スマート工場は単に人手が省けてということだけがメリットなのではない。データを高度に活用した知的な生産ができること、環境対応、安全な生産環境など付加価値は大きい。

（4）DX プロジェクトのターゲット

　日本の製造業で上記の 3 つの成功パターンのどれを目指すのかという問いには、全て可能性があるものにはアプローチすべしと答える。次章にそれぞれの成功事例が取り上げられている。日本企業が得意でなかったプラットフォーマーもいくつかの企業が挑戦しているし、製造業のサービス産業化は最近のキーワードの一つとなっている。次章に於いて、これらの事例を検討する。

　ただし、本稿は「スマート工場」を DX のターゲットとして狙うことにする。理由は、取り組みやすいこと、効果がすぐに出ること、投資費用が少なくて済むこと、などである。日本の製造業にとってはこのスマート工場のコンセプトが一番現実的であると考えている。

　本章を締めくくるのにあたって、近年製造業に発生した様々な経営に関わる問題を踏まえて DX で対処するため、以下の章で必要なアプローチを探ってみよう。まず、2 章でこれまでに成功した事例と失敗した事例から DX へのアプローチ方法を考えよう。

〈参考文献〉
1．尾木蔵人（2020）『2030年の第 4 次産業革命』　東洋経済新報社
2．小宮昌人（2021）『製造業プラットフォーム戦略』　日経 BP
3．小林延行（2022）『シン・メイド・イン・ジャパン』　ディスカヴァービジネスパブリシング
4．木村尚敬・沼田俊介（2018）『見える化4.0』　日本経済新聞出版社
5．羽田雅一（2018）『モノづくりデジタリゼーション』　幻冬舎
6．デービッド・アトキンソン（2019）『日本人の勝算』　東洋経済新報社
7．大場允晶・藤川裕晃（2017）『生産マネジメント概論 戦略編』　文眞堂
8．山口俊之（2021）『生産工場の DX がよ〜くわかる本』　秀和システム
9．大野治（2016）『IoT で激変する日本型製造業ビジネスモデル』　日刊工業新聞社
10．熊谷徹（2017）『日本の製造業は IoT 先進国ドイツに学べ』　洋泉社
11．成毛眞・冨山和彦（2022）『2025年日本経済再生戦略』　SB クリエイティブ
12．野口浩之・長谷川智紀（2020）『勝ち残る中堅・中小企業になる DX の教科書』日本実業出版社

13. ベイカレント・コンサルティング（2021）『戦略論と DX の交点』東洋経済新報社

14. デービッド・アトキンソン・竹中平蔵（2021）『強い日本をつくる論理思考』ビジネス社

15. 森永卓郎（2018）『なぜ日本だけが成長できないのか』 角川新書

第2章

DX事例の検討と評価

1節　DX 事例

（1）先行 DX 事例

A．DX 事例の整理

　ここで掲げる事例は、アメリカなど海外で試行されていた様々な業種のビジネスモデルである。今日の DX ブームの前からの事例ではあるが、現時点で定義されている DX に当てはまる活動と認識される。図表 2 － 1 に整理している。

図表 2 － 1　海外における DX 事例

企業名	業種	Pain	DX	Gain
Netflix	ビデオレンタル	来客とレジ待ちの負担、延滞金	ウエブ受付と郵送、VOD	視聴の自由の実現
Walmart	小売	買い回りやレジ待ち時間	BOPIS（デジタルで注文してリアルで受け取るサービス）	全体購買時間の短縮
Sephora	化粧品販売	ブランドスイッチとトライアンドエラーの労力	店舗・EC を含めたコミュニティ内でトライアンドエラーが完結	消費エンタテインメント
Macy's	百貨店	レジ待ちが顧客にとって苦になる	お取り置き、在庫の連携で E コマースとして配送	買い物としてのエンタテインメントの純度アップ
Freshippo	小売チェーン	生鮮品小売の最大の敵「不審」	消費者がスマホから仕入れルートや生産者の情報を得られる	デジタルとリアルを選べる消費スタイル
Nike	靴製造・販売	アマチュアアスリートの効果測定不可	データ測定機能、直販アプリ	メーカー直販ルートの提供、入手とトレーニング環境の公正性
Tesla	EV 製造・販売	車輌が高価格	部品生産の自前化や自動化などの製造工程の効率化	サステナブルな自動車とライフスタイル
Uber	ライドシェアサービス	面倒な利用プロセスとサービスの質に合わない対価	配車アプリの開発	手軽で安全な移動と行動範囲の拡大
Starbucks	コーヒーショップ	空席待ち、レジ待ち	事前オーダー、スマホ決済	味・場所・顧客体験

出典：金澤一央・DX Navigator 編集部『DX 経営図鑑』、2021年、アルク

　これらの事例は「ペイン（苦痛）とゲイン（利得）の概念を取り入れ分析」（金澤ら、2021年、Part I）している。本稿では、ペインとゲインの間にペインをゲインに変換するのに取った手段としてDXと名付けた欄を挿入して示した。

　各事例共にその企業のビジネスを回していく上で顧客が不便に思っている箇所（ペイン）を正しく捉えて、改善のための手段（DX）を講じて、その結果他社と差別化できる状況（ゲイン）を手に入れたのである。

B. 図表1の事例分析

　図表2−1の10社の事例を分析してわかることは、10社のうち製造業の事例はテスラとナイキの2社だけで残りの8社が非製造業であることだ。そのことは、製造業よりも非製造業の方がDXを実行しやすいのではないかという仮説が浮かぶ。ビジネスシステムを考えると、製造業と非製造業では図表2−2に示すように、かなり製造業の方が長いプロセスを有する。それだけに改革をするとなる調整が複雑かつと調整すべき範囲が広いことから製造業の方が難易度が高いと想定される。

　例えば、「完成品在庫を減らす」ことを例に考えた時に、商業では需要予測の精度の向上と発注時期を遅らせることなど社外協力企業への発信で対応できる。製造業ではそれ以外に生産計画・進捗の制御、部品・資材の調達方法、中間在庫の制御など社内・社外への調整をしないと達成できない。

　また、どの事例も現場での気づきに基づいていることだ。商業やサービス業

図表2−2　ビジネスシステム比較

製造業ビジネスシステム

商業ビジネスシステム

サービス業ビジネスシステム

出典：著者作成

は、店舗での顧客のレジ待ちに気配りしている。特に、「小売業のビジネスモデルは収益のために短期的な売れ筋を多く扱うのが必然で、品揃えは売れ筋に偏ること」（金澤ら、2021年、P.133）となる。製造業は、機能と価格の関係を気にしている。つまり、お金が支払われる場面では、顧客も企業もセンシティブになるのであろう。

C. 製造業のDXについての緒言

本書のターゲットとしている製造業では、実は10社の事例は残念ながらほとんど役に立たないことを言及しなければならない。多くの事例に並んでいた「レジ待ち」など製造業では関係がないからである。更に、図表2−2にあるビジネスシステムの範囲の広さは常につきまとう。サプライチェーン全体を見て、その心臓部分である生産をいかに効率的に回すかが製造業におけるDXの源泉である。

そこで、日本に見られる製造業のDX事例をいくつか紹介しよう。

（2）製造業におけるDX事例

実に様々な事例が書籍、ネット、企業のHPで見ることができる。事例ごとに、戦略・狙い、実施レベル、活用デジタルツールなどにそれぞれ相違がある。下記に結果として何が向上されたかで分類した。これらは、1章3節で挙げた3つの成功パターン（①プラットフォーム化、②サービス産業化、③スマート工場）と符合する。

1）サプライチェーンの効率化により経営効率を向上させている企業
2）製品価値をデジタル技術で向上させている企業
3）生産現場の見える化で経営能力を向上させている企業

A. サプライチェーンの効率化により経営効率向上させている企業

① ユニクロ（ファーストリテーリング）

この企業については何冊も書籍が出版されていて、今更DXの事例として取りあげる意味がどこにあるかと批判を受けるかもしれない。しかしながら、この企業のアプローチはDXの定義そのものであり、しかも成果を挙げていることからあげない訳には行かないのである。

図表 2 − 3　ファーストリテイリングのビジネスモデル

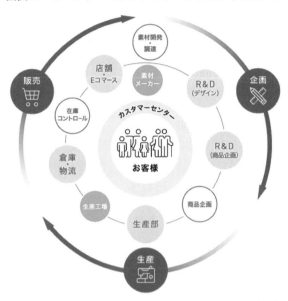

出典：News Picks　ウエブ　https://newspicks.com/news/6862820/body/　（最終回覧　2023年4月
25日）

　ビジネスモデルは、「情報製造小売業」ということで図表 2 − 3 に示す。

　SPA（Speciality Store Retailer of Private Label Apparel）というのは製造と
小売りを同時に行うアパレル企業のビジネスモデルを言う。通常、アパレル業は
設計―製造―販売が垂直分業している。全プロセスをカバーする意味はサプライ
チェーンの最適化である。つまり、売れ筋を把握することがまず大事である。食
品メーカーなどは、コンビニの販売データが喉から手が出る程欲しがっているの
で、データを貰う条件に商品の値引きを交渉する程である。一食品メーカーが
コンビニ全店舗保有するなど現実的ではない。アパレルで自社製品を自社店舗で
販売しているユニクロは、世界中のユニクロ店舗での販売データをたちどころに
収集分析することが可能なので、自社のどの製品が、どこの店舗で、何個、い
つ、どんな人が購入しているかが分かる。このデータから需要量がリアルにわか
り、ブルウイップ現象を起こさずに生産計画の精度が上がる。売れ筋だけでなく
て、どの層の顧客が、どの時間帯に、どの地域で購入しているのかが分かる事で
商品企画も商品配分計画も商品在庫計画も精度高く作成できる。更に、ある店舗

図表２－４　ユニクロで活用される RFID

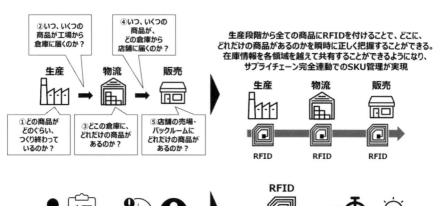

出典：Lnews 2018年10月11日　　https://www.lnews.jp/2018/10/k101110.html　（最終回覧　2023年 4 月25日）

で売り切れた商品も近隣の別の店舗では売れ残っているのなら、横持ちで売れ切れも売れ逃しも阻止できる。この情報共有の効果は絶大で、理想的なサプライチェーンの形成のためには不可欠である。この運用に RFID を活用しており、サプライチェーンの RFID 活用を図表２－４に示す。

②　ワークマン

　カジュアルな作業服を出し、作業服のイメージを覆したワークマンは、楽天市場から2020年に撤退した。その後、「新コンセプト C & C（Click & Collect）を軸とした EC サイトを開始」（金澤ら、2021年、P.119）して、自社 EC とリアル店舗を組み合わせたビジネスモデルで売上を上げていった。「C & C は、EC 在庫と店舗在庫がほぼリアルタイムで連携することで実現」（金澤ら、2021年、P.120）できる。需要の偏在や変動した場合、「全店舗の在庫を統合すれば欠品リスクは最小化され、供給力は格段に跳ね上がる」（金澤ら、2021年、P.122）ので欠品と調達困難を取り除ける。「ワークマンの目標はサプライチェーンの DX」（柳瀬ら、2022年、P.191）である。

　店舗受取りの導入はワンマイルの流通コストをゼロにする利点がある。このようなサプライチェーン管理手法によって、需要を逃さないのが成功の基である。

B.　製品価値をデジタル技術で向上させている企業

① 　コマツ

　コマツは、ブルドーザで有名な建設機械メーカーである。この建設機械というのは、稼働率が問題とされる。なぜならブルドーザが必要とされる土木現場では雨の日には仕事にならない。逆に晴れた日には稼働して貰わないと困る。故障しないように日々の稼働データを本社のコンピュータにネット経由で送信し、故障時期を予測して補修部品を機械のある場所に送るといったリモートメンテナンスの仕組み（KOMTRAX）が用意されている。この仕組みを図表2－5で説明している。

　このシステムによって、故障期間が最小化されるので製品として付加価値が高

図表2－5　コマツの車載システム　KOMTRAX

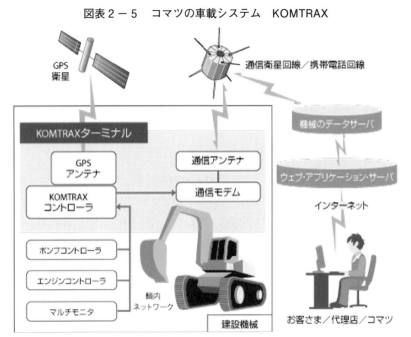

出典：コマツカスタマーサポート　https://kcsj.komatsu/service_support/komtrax
（最終回覧　2023年4月25日）

くなる。最近、「製造業のサービス業化」のトレンドが取りざたされているが、その奔りとなった仕組みである。

② クボタ

　クボタは農業機械や建設機械の製造販売企業である。「2014年 6 月より稲作を対象とした農業支援クラウドサービス KSAS（クボタ・スマート・アグリ・システム）を運用開始した」（長島、2016年、P.171）。この仕組みは、図表 2 － 6 に示したように、「農機にセンサーを搭載し、農機に関する情報や収穫量、収穫したコメのたんぱく質・水分などの情報を取得」（長島、2016年、P.172）し、収穫の程度やおいしさを把握できる。農機稼働状況を把握できれば、コマツ同様リモートメンテナンスを可能にする。

　この仕組みによって、ユーザーである農業従事者の「伝統的な農業プロセスからの脱却と次世代型農業にフィットした機器およびサービスの提供」（金澤ら、2021年、P.238）をした。

　一方、クボタは社内の技能伝承に於いて、「鋼管のどの部分をどのような順番

図表 2 － 6　クボタの KSAS クラウドサービス

出典：クボタのホームページ　https://www.kubota.co.jp/corporate/business/agriculture/index.html
（最終回覧　2023年 4 月25日）

や速さで確認しているかなど、これまで暗黙知だった熟練者の視線の動きを見える化する。……約6カ月かかっている基本技能の習得期間を2～3か月に短縮」（日本経済新聞 2023年4月6日 朝刊14面）している。この方法は、工場の自動化で、「鋼管の品質の最終確認と管内部の塗装を同時並行で作業するラインは自動化が難し」（日本経済新聞 2023年4月6日 朝刊14面）く、ここへも適用できる。

C. 生産現場の見える化で経営能力を向上させている企業

① オムロン

オムロンはDXで頻繁に出てくるセンサーのメーカーであり、当然ながら自社工場のDX化は製品のショウルームともなり、熱心に自社商品の価値を宣伝する必要がある。「草津工場に導入されているオートメーション機能の1つに、ビックデータを活用した品質情報の収集と予知保全の取り組み」（長島、2016年、P.160）を行った。

収集したデータを図表2－7のようにグラフ化して、熟練者だけが発見できる「改善の種を誰でもが短時間で発見できるようにした」（長島、2016年、

図表2－7　オムロンの見える化

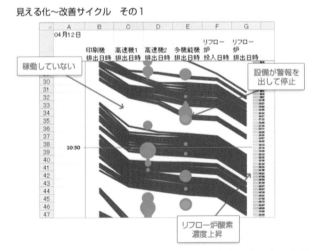

出典：オムロンHP　https://www.fa.omron.co.jp/product/special/sysmac/technology/kusatsu-report-1.html　（最終回覧　2023年4月25日）

P.160）のである。

　収集したデータの活用目的としては、この例のような改善への活用だけでなくて、故障の予知やリモートメンテナンスなどへも活用できる。また、「データを起点に自社で蓄積したノウハウを価値の源泉とすることで、デジタルツインの基礎を他社に提供する」（八子、2022年、P.187）ビジネスも成立する。

② 　旭鉄工

　旭鉄工は、年商約150億円、社員約400名の愛知県の自動車部品製造企業である。トヨタのティア1（一次下請け）企業としてエンジンやトランスミッション用部品の製造を担当している。

　古い生産設備の並ぶ典型的な鉄工所に「IoT のシステムが稼働しており、生産ラインごとに製造機器のモニタリングデータを取得し、AWS 上に構築したシステムでデータ分析と稼働状況の見える化を活用した改善」（八子、2022年、P.224）を行った。見える化されて稼働データは図表2－8のようにスマホから見れる。そこから改善活動へ繋がる。その結果、「年間4億円、累計17億円の労

図表2－8　スマホから稼働データが見える（旭鉄工）

出典：ビジネス＋IT　https://www.sbbit.jp/article/
cont1/35870　（最終回覧　2023年4月25日）

務費削減に成功」（八子、2022年、P.225）した。

　更に、このノウハウでDXコンサルティングを行っている。また、タイでIoTシステムの販売を始めた。「タイ工場で生産量を1時間ごとにボードに書くことをやらせても全く当てにならない数字を申し訳程度に書くようでは確かな経営ができないと悟る。そこで工場の各機器にセンサーを付け、情報をリアルタイムでクラウドに集約することにした。設備の停止時間や一部品の生産に掛かるサイクルタイムのバラツキをスマホやPCから確認可能となる。どの工程でも改善余地があるかを一目で分かるようにした。日本に居ながらでも現地の状況が分かるので、見直しができる。タイではIoT機器を売るだけではなくて、リアルタイムで生産状況がわかるシステムを導入してもらう。導入費用は30万円からで競合の10分の1以下の予定。旭鉄工が測定するのは、生産個数、サイクルタイムと設備停止時間だけである。」（日本経済新聞 2021年5月19日 朝刊13面を参考に記述）

D．総括

　第1章の第3節に製造業のDX事例を3つに分類した視点は、図表2－2の製造業のビジネスシステムのどこにフォーカスしたかである。1）は材料調達〜輸配送の5つのプロセスを一気通貫に見ている。2）は製品開発を主眼にマー

図表2－9　製造業のビジネスシステムと事例分類

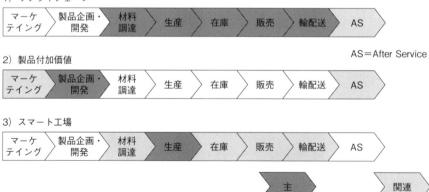

出典：著者作成

ケティングと AS も関係している。3）は生産に注力しているが、調達から輸配送も関連を有する。図表 2 - 9 に夫々の関連を色付けで示した。

　このことが意味するのは、それぞれの製品の市場での強さと関連がある。即ち、製品が成熟期に来ていると製品の機能や価格で差別化ができない。コモディティ化に近い状態になっている。従って、新しい付加価値が製品差別化のために要求される。製品がまだ競争段階にあるのなら、品切れが怖いが売れ筋を外れた商品の在庫が経営の足を引っ張るのでサプライチェーンに目が行く。そのどちらでもない場合に、スマート化を図る。この分析結果は、DX のテーマ選定と関係がある。

（3）書籍・新聞に掲載された最新 DX 動向

　次に、この数年で新聞や書籍などに掲載された DX プロジェクトの情報を報告されている記事を見てみよう。

情報 1：日本経済新聞 2021年 3 月 4 日 朝刊17面を参考に記述
「ボストン・コンサルティング・グループ（BCG）によると、デジタル化に成功した国内企業は14% に留まるという。原因として①トップの意識が低い、②推進役の能力不足、③現場を巻き込めずの 3 つが挙げられている。①の例として大手鉄鋼業のある事業部門の取組が典型的で社長が「兎に角 DX を推進しろ」だけで目的や実現する姿などが示さない。②は IT 部門の受け身体質からか全社の変革を先導するスキルを持ち合わせていない。③はトップの姿勢の曖昧さが原因で事業部門の反発を招く。中堅自動車部品メーカーで IT 部門がデジタル技術を活用した SCM 革命を企画したが業務変更に現場が抵抗して改革構想は立ち消えになったという。」

情報 2：広野彩子著『世界最高峰の経営教室』日経 BP 社（2020）P.196~213を
　　　　参考に記述
「日本のデジタル改革はスピード面でも大きく見劣りする。2020年版 IMD の世界競争力ランキングでは34位。組織の問題なのか、企業文化か、それともマネジメントの資質か。マイケル・ウエイド教授（スイスの IMD）は、企業の変化

に対する順応性、つまり組織文化の変わり易さやそのスピードを考えるとかなり問題が多いと指摘している。特に、中間管理層に変革の意欲が見られない。また、サイロの罠は簡単には崩せないし、年功序列が消えていない。また、デジタル技術の習得に投資をしていない。」

情報3：日本経済新聞 2021年5月5日 朝刊5面を参考に記述
「日本企業のデジタル競争力は世界27位、デジタル人材の充実度では22位だった。電子商取引（EC）の普及率は中国の24%に比べて僅か9%である。社会的要請から社内にDXの専門組織をつくったものの、経営戦略にまで落とし込んでいる企業が少ない。経営層の意識の低さに加え、経営課題とデジタル技術を結び付けて説明できる『ビジネストランスレータ』と呼ばれる人材が足りない。」

情報4：伊丹敬之著『日本企業の復活力』文藝春秋社（2021）P.98~102を参考に記述
「デジタル化の遅れというのは、次の2つの意味がある。①日本の組織全般のデジタル技術水準が低い、②日本のデジタル関連産業の国際的地位が低い。比較対象は米国であろう。対米比較で劣位なのは、基礎的な人材供給不足と長期に渡る投資の不足である。更に、アメリカには海外（インド系、中国系、ロシア・東欧系）から優秀なIT人材がやってくるが、日本には来ない。何故なら難解な日本語と言うローカル語を話さなければ働けないのだ。」

情報5：日本経済新聞 2021年9月23日 朝刊12面を参考に記述
「国のDX化遅れの原因は、技術を活かす仕組みや仕掛けが整っていなかったことが挙げられる。個人情報の取扱いにしても情報をどのレベルまで保護し、どういう形ならば共有できるかといったことが整理されていない。システムの問題ではなくてデータ活用のルールなどを再設計しなければならない。」

情報6：日本経済新聞 2022年1月19日 朝刊2面を参考に記述
「大企業のDXは中堅企業がボトルネックになっている可能性がある。DXに関する意識調査で40代の4割が「関わりたくない」と回答し、世代別で最多だった。中間管理職は短期で成果を求められることに加え、失敗しても挑戦を評価す

る人事制度がないことが少なくない。前向きにDXに取り組む動機付けが課題となる。IGSが従業員千人以上の企業を対象に実施した調査によれば40代の38%が「DXやデジタルビジネスに関わりたくない」と答えた。日本の中堅社員のDXに対する後ろ向きな意見は世界でも突出している。」

　これらの情報を整理しよう。日本でのDXプロジェクトが進んでいないのは驚きである。原因はトップの意識の問題、社内インフラの問題、抵抗勢力の問題など多岐にわたっている。次節で原因を分類するが、日本がこんな状態なのにDXが進まないでどうするんだという疑問が、こんな状態だから日本が凋落するんだと考えれば腹落ちする。かなり重症であることは間違いない。

2節　日本企業に於ける DX 失敗の原因

（1）経営戦略の欠如

A. そもそも日本の製造業には戦略がない

　戦後の経済成長は、重厚長大型産業が思い切った設備投資をしたことで生産コストを下げることができた。住友金属工業や川崎製鉄の高炉への投資などがその例であるが、典型的なスケールメリット型の競争優位の形成である。この戦略はユニークなものであろうか。遡ればフォードのＴ型フォードの大量生産に前例を得ることができる古典的かつ伝統的な戦略である。戦後のスタートアップ企業で大企業の仲間入りしたソニーやホンダはどんな戦略を取っただろうか。両社共に、自社の技術力を磨いて差別化できる製品を生み出したことで、世界のユーザーの承認を得て売上を伸ばしていった。差別的優位の形成である。いずれも技術戦略であり典型的な経営戦略である。それ以外に、日本の製造業にはこれといってユニークな戦略を打ち立てて成功した企業は少ないと言える。

B. なぜ日本の製造業ではユニークな戦略ができないのか

　ここで指摘したいのは、プロダクトアウトとマーケットインである。製造業はプロダクトアウトの罠に陥りやすいと言える。技術に集中するあまり、マーケットを見ないのである。全く見ていないなどと失礼なことは言わないが、市場ニーズより自分達の技術力の凄さをアピールしたがるのである。その証拠は『ガラパゴス化』である。2000年代に孤立した日本市場だけで製品やサービスの最適化を図り、外部市場との整合性のないまま、標準製品との互換性を欠いた製品を出し続けた。その結果、孤立して取り残されるだけでなく、汎用性とコスト性の高い製品や技術が外部から導入されると、最終的に淘汰された。携帯電話での失敗がこの例として知られている。

　なぜこんなことになってしまったのという質問への答えを探すと、いくつか考えられる。

・経営者がサラリーマンで派閥戦略や派閥均衡のために責任を持った主張ができ

ない

・技術系の役員達がこの商品を開発して売りたいと言えば、事務系の役員は専門外と口を閉ざす

・マーケティング担当役員の地位が低く、発言力がない

・実績のある役員が自分の成功体験とは異なる発想での新製品やビジネスモデルなどが出てくると反対する

・社外取締役も腰掛程度にしか思っていなくて、社会的期待とは裏腹に社内的にはそこまで踏み込んだ発言を求められていない

等々、様々なドラマで出てきたシーンが浮かんでくる。欧米企業だけでなくて、韓国のサムソン電子などでもこのような経営陣の姿は考えられないであろう。それだけ日本企業に危機感がないのではないか。オーナー経営者は、新製品で大損を出すと自分の財産が消えてしまうので他人事でない。サラリーマン社長は何年かを恙なく過ごせば、後はハッピーリタイヤメントが待っている。長い目でみて当社の将来のために投資をするんだと言っていたら、すぐに株主総会で首になる。オーナー社長でないと長期投資ができないというのは、サラリーマン社長が多い日本では残念なことだ。

　しかし、オーナー社長の企業でも攻撃的な設備投資ができないのは、その企業に戦略がないということになる。そのオーナー経営者は未来をみて仕事をしていないということになる。長期的な視点が持てない原因の一つは資金が出てこないことが指摘され、研究開発費用の低いことでは特許なども増えないし、優秀な研究者を繋ぎとめておくこともできない。日本経済の浅さを感じる。

（2）トップのリーダーシップ不足

A．日本企業のトップはサラリーマンが多い

　DXプロジェクトは全部門に渡る革新である。ERP導入と同様に、あるいはそれ以上に関係各部門が多く、変革後のインパクトも大きいことが想定される。従って、トップマネジメントが全社員を説得して進めなければならないプロジェクトである。そこで、必要なのがトップマネジメントのリーダーシップである。そんなトップマネジメントがオーナー社長でないと、正しいことを主張していたとしても、言うことを聞かない社員が一定数はいる。サラリーマン社長の限界で

ある。特に大企業では派閥があり、こういった会社を DX 化するというような目立ったプロジェクトは全社員がその成果で利益を得ることができたとしても、属する派閥の方針に従うという馬鹿馬鹿しい話がある。

B. 日本企業でトップに就く人はジェネラリストが多い

　企業ごとにどの部門の社員がトップマネジメントに就任するのかは不文律のようなものがある。技術系の社員が代々トップに就く会社、事務系の社員が代々トップに就く会社、代ごとに交代になっている会社もある。こういったプロジェクトのプロジェクトオーナーの立場で指導するトップは、技術系でも事務系でも構わないが日本社会は組織のバランスを取る目的でジェネラリストをトップに据える人事が結構ある。そういったトップは、概して革新的な行動には背を向けて社内が丸く収まれば良しという考え方をしがちである。

C. DX プロジェクトオーナーに求められる資質

　1990年代にブームが来た ERP（Enterprise Resource Planning）の導入にあたって、全社に関わることで既存の運用方法の変更が必要となるのでトップのリーダーシップが必要であると言われた。このときに多くのトップは、担当者を決めて、「後は良きに計らえ」と任せきりにした。任された担当者には、業務を変えろと全社に号令する権限などなく、ERP が導入した企業を革新したことがないことは有名な話である。今回の『DX もいつか来た道をたどることに』（木村、2021年、P.28）なりそうだ。

　そこで、プロジェクトオーナーの資質を述べるとすると、専門はどうでも良いが、一番重要なことは反対意見を封じ込める意志の強さである。また、ぶれずにプロジェクトメンバーを支援する粘り強さも大事である。しかし、その前に経営戦略を示し、目標を設定した上でプロジェクトをスタートさせるセンスが無いとプロジェクトは始まらない。メンバーが迷ったときに、当初示した戦略・目標が正しい道を指し示す。

（3）IT リテラシーの不足

A．日本人は情報システムオンチである

　最近の小中学生はゲームをするだけではなくて、自分でパソコンを作ったりゲームを設計して遊ぶ子もいるというが、日本人がコンピュータに触れたのは極めて遅い。また、おっかなびっくりである。日本人七不思議のひとつと言っても良いことであるが、日本人は教育レベルが高い割にパソコン音痴が多いようだ。

　このDXブームで「DXの重要性に目覚めITをわかろうとする経営者やすくなくとも分かったふりをする経営者が増えてきたが、依然として自ら『俺はITをわからない』と言い放つ経営者が何人もいる」（木村、2021年、P.170～171）という寂しい状況は続いている。

B．情報システムは専門部署がやるものという認識

　日本の企業では、DXはIT技術であり、情報システム部門の担当がやるべきだと思い込んでいる人が大勢を占める。サラリーマンの常として、面倒な仕事から逃げて、責任回避の姿勢を取るときに、情報システムを知らないことは言い訳になってしまう。ところが、そもそもDXがIT技術だという点が間違いである。次章に説明するようにDXは経営戦略マターのプロジェクトである。その企業がどうすればライバルに勝ち、生き残ることができるかをビジネスモデル、オペレーション面から考案するのがベースであり、そこで練られたアイデアを実現するのにどんなツールを使えば良いかの段階で情報システムの面々にお世話になれば済むのである。基本は戦略の問題であり、オペレーションの問題なのである。情報システム部へ責任を押し付けても何も良くならない。現場の人間がオーナーシップを持たずしてDXの成功は覚束ない。

（4）企業内サイロの存在

A．企業内サイロとは

　サイロとは、縦割り組織のことである。マイクロソフトでも「事業部のITインフラやサービスチームが縦割り構造でデータを管理し、事業部の要請に沿った社内用のツール開発をしていたが、それでは会社全体を横断的に変革させるこ

とはできない」（石角、2021年、P.46～47）とあるように根本的に変革するときに障害となる。

B．なぜサイロ化するのか

　そもそも組織は、ある目的を達成するために必要な人材を集めて効率的な運用をすることを目指して編成されているものである。長くその組織で活動していくとその部門が一つの社会になり、団結・独立化が進む。日本人社会は農耕民族で群れる傾向が強い。ムラ社会が構築されると利害の一致やボスへの忠誠といった形になる。企業に於いては他部門への情報供給の停止や社内競争にまで進んでいくケースもある。それが、部門長間の出世競争などが絡むと、社内抗争の様相を呈してきてドラマや小説に出てくるような事件にまで進展することがある。

　個々にサイロ化された組織間では、情報の共有、人事交流、情報システムの共同開発・運用、などはされなくなる。同じ会社とは思えない様相を呈する企業もある。

C．サイロを崩す方法

　サイロ化した組織の改革は、まず人事交流から開始することである。更に、機構改革や事業部再編成などの掛け声で組織をいじることも有効である。例えば、部門ごとに購買部署がある場合、それを共通化、つまり共同購買部署を作る方法もある。この共同購買方法を取ることによって、重複購買を抑える効果や購買品の標準化や低価格化交渉などで購買コストの抑制効果も期待できる。

　しかしながら、最も基本的かつ正当な方法は、経営トップの「全社DX化推進」指示の号令である。

（5）推進組織・体制の不備

A．典型的な社長の対応

　DXの必要性を一番認識している社長が、社内でDXを推進すべく方針を出しても、担当者を決めて「後はよろしく」と丸投げしてしまっていることは多くの文献で語られている。「コロナ禍を機に、全ての経営者が自社のDXについて語るようになった。……。9割以上の企業が本格的に取り組んでは居らず、4割

以上の経営者が DX に関して現場任せか無関心である」（木村、2021年、P.31）とある。

「CEO の役割はデジタルへの取組を支援し、チーフデジタルオフィサー（CDO）を任命し、シリコンバレーから幹部を雇い、コンサルタントを呼び寄せ、資金調達を行い、社員に頑張れと声援を送るだけではない。……。目標を DX 戦略に変換する際には一緒に検討し、戦略を実行に移す際の障壁を壊すのである。」（サルダナ、2021年、P.59）とすべきなのである。

B.　指名されたプロジェクトリーダーの苦闘

　丸投げされたプロジェクトリーダーが直面するのは、社内の抵抗勢力の逆風である。そもそも改革などと面倒なことはしたくない。仕事のやり方が変わることも歓迎できないし、仕事が増えることなどは真っ平である。それにサイロが加わると、他部署のポイントになる動きに協力することなど到底できない。こんな企業が特別ではないことは読者諸氏の理解されているところであろう。

　指名したトップもこの辺りの雰囲気や無言の圧力を感じて、DX の掲げた旗が静かに降ろされることに見て見ぬふりを決め込んでいるという状況で30年が失われた。「失われた」という言い方はどこかに被害者意識がある。天災地変が起きて DX の成果を奪っていったかの雰囲気を漂わせている。現実は、自分達でそのチャンスを溝に捨てている。給与が上がらないのは決して自分達のそんな愚行のせいであるとは思いも依らないでトップの責任にしている。トップはトップで社員のせいにしていて、誰も責任を取らない。まるで、役人のようである。

（6）DX 専門家の不足

A.　DX の専門家って誰？

　実際にプロジェクトがスタートしたら、誰が担当になって推進するのであろうか。そんなことは企業ごとに違うだろう。とはいえ、適材適所でどんな背景のある人が DX のリーダーにふさわしいかという議論は必要である。よく出てくるアイデアは、DX プロジェクト全体の方針を決めるのは、その企業の CIO が担当するか、或いは新たに CDXO を設定するかであろう。CIO はかつて、情報システム部長の務めるポジションであったが、それは違うだろうと言う声が強くなり、

どこかの部門長をやった人で情報システムに一家言ある人が務めるようになった。DX も同様か、と言っても DX に詳しい人などは居ない。このことからも DX を担当する人の定義から入らなければならない。

B. DX に必要とされる能力ってなんだ？

　第3章に進め方を記述するが、そこで要求される能力は幅広い。一番必要なのが戦略眼である。経営センスというか、企業としてどんな状態かを知ること、そこでどんな手段を取れば状況がどう変化するかを知っているかである。また、DX に必要なデジタルツールに関する知識である。どんな専門を背景に持つ人材が必要かについての提言は5章で行うことにしよう。

C. DX のリーダーはどこの所属が良いのか

　こんなデータがある。「日本の SE の3分の2（72%）は IT ベンダーに所属し、ユーザー企業には残りの3分の1（28%）しかいない」（鈴木、2021年、P.110）。また、「アメリカではこの逆で一般企業に属する SE が65%、外部ベンダーに35%」（鈴木、2021年、P.205）である。

　結論を述べると、DX で成功していると思われるアメリカがそうであるように、内部に専門家が多く必要なのであろう。

（7）進め方の欠如

　DX をどう進めるかという問題に対峙するとき、「こんなこと前にもあったな」と記憶をたどる大企業の IT 部門の担当者がいると思う。そう、ERP の導入と同じ匂いがする。ERP の導入時にこれまでの業務のやり方を ERP が想定している業務のやり方に変える検討が Fit − Gap 分析ということでなされる。ここで、現場担当者はこれまでのやり方と異なるので、受け入れ難いと拒否することが多くて苦労するという話は多く聞く。これは従来の業務のやり方が全うなものであったという認識の基での発言である。一般的に「日本企業とは勝手にやっている現場の集合体である」（木村、2021年、P.84）という言葉は腹落ちする。最近、あちこちの企業で発覚している不正は勝手にやっていた結果である。日本はムラ社会で、小さな集団でまとまりルールを作り保守的に守る。誰も新しいこと

を言い出さないので、それがグローバルに正しいのか、合理的なのかを問わないことが多い。長い間に、それが社会常識として定着してきた。ラッキーなことに高度成長などをしてしまったので、根拠のない自信を持ってしまうのだ。この後、黒船が来て国内大騒ぎと進めば「歴史は繰り返す」ことになる。

「ERP の導入に伴う業務改革なら、自社の仕組みの幹となる部分を ERP に組み込まれている業務プロセスなどの仕組みに入れ替えることである。この『幹の入れ替え』をきちんとやらないと、ERP 導入は失敗してしまう。」のだが「日本企業は勝手にやっている現場の集合体なので、会社で最適化されて標準化されたビジネスの仕組みが存在する訳がない」（木村、2021年、P.96）ということで DX についてもすんなり進捗する基盤となる基準が欠けている。

（8）総括

　本節で述べてきた７つの問題はすべて単純なことであるが、根深くて改善が難しい問題である。根深いと記述したのは、日本人の特性に大いに依存する問題であるからである。

　戦略がないのも、業務を広く考えて規準を作らないのも、他責にするのも、260年以上も鎖国をしてきた国民がその間に身に付けた「島国根性」の DNA と「ムラ社会」の行動パターンなのかもしれない。

3節 DXプロジェクトのターゲット設定

（1）ターゲット設定の目的

　前項の DX 失敗の原因を受けて、日本に於いて DX プロジェクトをスタートするターゲットとなるのはどんな企業が望ましいだろうか。基本的にはどんな企業でも、DX をすることは可能であるし、効果はそれぞれに出すことは可能だが、成果の出やすさや進めやすさなどは相違がある。そこで、本項では業種や企業規模の 2 つの軸からターゲットを絞ってみよう。

（2）業種・業態

A. 製造業と非製造業

　製造業と非製造業では図表 2 － 2 で示したように、ビジネスシステムが違う。製造業の方が広い範囲のオペレーションとなる。そのために対応範囲が広くなることが違いとして挙げられる。ただし、流通業の中で自社内には工場がないが、委託先の工場と契約して製造して貰っている企業は製造業の中にカテゴライズできるかという問題もある。

　対応範囲が広いことは、選択肢が多いということで最適性を求めることも可能となる。

B. 受注産業と企画設計型産業

　製造業では見込生産と受注生産というカテゴリーが存在する。製品の仕様を顧客が決めるか、メーカーが決めるかで見込か受注かに分かれる。この 2 つの管理上の違いは在庫の有無である。

　非製造業では、見込か受注かの峻別は難しい。例えば百貨店に行き、欲しい商品を探したがなかったとき、どうしてもその仕様のものが欲しい場合には取り寄せて貰うこともあるし、特注することもある。どちらかしかやりませんという店はあまりない。業態面からも製造業の方が柔軟な対応が求められる。

（３）企業規模

　大企業と中小企業の相違は規模の違いであることと、製品を作るか部品・材料を作るかの役割の違いである。規模が大きいと、資金、施設・機械設備、人材、知名度、売上高・利益額など競争上の条件のほとんどが優位である。大企業、中小企業の夫々で DX プロジェクトを推進するとき状況を想定して、前項で７つの問題点を挙げたが、それぞれについて、評価をして図表２－10にまとめた。

　大企業も中小企業もそれぞれ×印が多くて決して望ましい対象ではないが、外部から専門家を入れるという条件を付けたときに、中小企業は社長の一言で動くので外部の専門家に全面的に任せることになれば、円滑に進むことが想定されるが、大企業ではどこの部門が中心メンバーかで部門のエゴが動き、紛糾することが想定される。

　その結果、図表２－10に示すように、総合評価として DX プロジェクトを推進するのなら、中小企業の方が上手くいく可能性があると結論付けることにしよう。上手くいく可能性はあるのだろうが、ほとんど着手されていないことも中小企業機構の調査結果にも表れている。図表２－11を参照して頂くと78.2% もの

図表２－10　企業規模で DX 推進の可能性を評価

No.	評価項目	大企業		中小企業	
		評価	コメント	評価	コメント
1	経営戦略の欠如	×	スタッフの作文	△	社長の思い込みが当たることも
2	トップのリーダーシップの不足	×	サラリーマン社長は何もできない	○	社長の一言で全員が動く
3	IT リテラシーの不足	×	管理職は中高年で IT オンチ	×	管理職もラインも IT 経験不足
4	企業内サイロの存在	×	足の引っ張り合いで計画倒れ	○	サイロなんかあれば即倒産
5	推進組織・体制の不備	×	絵に描いた餅	×	人が少なくて余裕なし
6	DX 専門家の不足	○	社内に専門家はいる	×	人が少なくて余裕なし
7	進め方の欠如	×	いつもプロジェクトは失敗	×	経験不足
	総合評価	×	**外部から専門家を呼んでも無理**	△	**外部から専門家を補充すれば可能**

出典：著者作成

図表 2 −11　中小企業の DX の取組状況

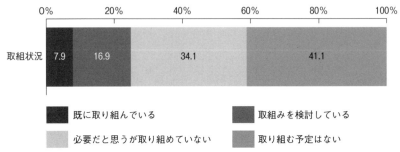

出典：（独）中小企業基盤整備機構 広報・情報戦略統括室 総合情報戦略課 「中小企業の DX 推進に関する調査（アンケート調査）」

中小企業がまだ DX に取り組んでいないのである。

（4）DX プロジェクトのターゲット

　DX 失敗の原因の分析やターゲットの分析で明らかになったことから、取り組みやすくて効果が出やすいターゲットの選定をいくつかの評価項目を鑑みて図表 2 −12に示す。「成果の出やすいところから着手するというのは、DX のアプ

図表 2 −12　DX プロジェクトのターゲット選定表

評価項目	大手・製造業		大手・サービス＋商業		中小・製造業		中小・サービス＋商業	
組織の壁	×	足の引っ張り合い	×	足の引っ張り合い	○	組織力弱い	○	組織力弱い
リーダーシップ	×	失速気味	×	顧客に弱い体質が禍	△	社長の指導力期待	△	社長の指導力期待
戦略・ビジネスモデル	△	新興国に負けている	×	GAFA に負けている	○	やってない分余地有	○	やってない分余地有
オペレーション最適効果	△	既にかなりやっている	△	スコープ・可能性狭い	○	やれてない分余地有	△	スコープ・可能性狭い
社内資源	○	豊富にある	○	多少偏っているが十分	×	人材・システム不足	×	人材・システム不足
総合評価	×	全社で 1 つに成れない	×	やってても失敗連続	○	可能性で残る	△	効果が出るかどうか

出典：著者作成

ローチとして一つの成功パターンと言える」（柳瀬ら、2022年、P.122）ので、このようにしてターゲットを絞った。

　図表 2 − 12の分析の結果、最も成功しやすい DX プロジェクトのターゲットは『中小製造業』と結論付ける。

〈参考文献〉

1．鈴木忠雄（2021）『経営革新　SAP ERP と DX』　プレジデント社
2．安部慶喜・柳剛洋（2021）『DX の真髄』　日経 BP
3．石角友愛（2021）『いまこそ知りたい DX 戦略』　ディスカヴァー・トゥエンティワン
4．金澤一央・DX navigator 編集部（2021）『DX 経営図鑑』　アルク
5．木村岳史（2021）『アカン！DX』　日経 BP
6．長島聡（2015）『日本型インダストリー4.0』　日本経済新聞社
7．八子知礼（2022）『DX CX SX』クロスメディア・パブリッシング
8．柳瀬隆志・酒井真弓（2022）『なぜ九州のホームセンターが国内有数の DX 企業になれたか』　ダイヤモンド社

第3章

中小製造業 DX 方法論

1節 デジタル化と DX

（1）DX の定義

A.『デジタル化』とは

　多くの書籍に出てくる『デジタル化』と『DX（Digital Transformation）』は似たような言葉なので、誤解を防ぐためにきちっと定義しておきたい。岸・杉山らによれば、まず『デジタル化』にも 2 つの言葉がある。図表 3 － 1 にそれぞれの定義を示す。

　『デジタル化』は、『デジタイゼーション』と『デジタライゼーション』の 2 つの言葉にわかれている。内容は包含関係のように定義がされている。まず、『デジタイゼーション』でどこかのプロセスがデジタル機器またはソフトウェアで置き換えられて、それが拡がってある業務が一貫して『デジタライゼーション』されて、効果が拡がるという流れである。

　範囲は、『デジタイゼーション』＜『デジタライゼーション』であるが、手法としてはデジタルツールの活用をするという意味では同じである。そこで活用されたツールが何なのかはあまり関係がない。適用業務は事務処理であっても、エンジニアリング関係業務であっても良い。

B. DX とは

　次に、DX の定義であるが、図表 3 － 2 に経済産業省の定義を掲げる。

図表 3 － 1　デジタル化関連用語の定義

デジタイゼーション（Digitization） 　既存業務の一部をデジタル化すること 　　例：人手でやっていたデータ入力を RPA を使って代替する デジタライゼーション（Digitalization） 　業務全般を一貫してデジタル化すること 　　例：紙による申し込み処理を Web でできるようにする

出典：岸和良、杉山辰彦、他『DX 人材の育て方』、翔泳社、2022年、P.18

図表３－２　DX の定義

エコシステム（組織、文化、従業員）の変革を牽引しながら、第３のプラットフォーム（クラウド、モビリティ、ビッグデータ／アナリティクス、ソーシャル技術）を利用して、新しい製品やサービス、新しいビジネス・モデルを通して、ネットとリアルの両面での顧客エクスペリエンスの変革を図ることで価値を創出し、競争上の優位性を確立すること

出典：経済産業省 HP　DX レポート　平成30年９月７日

　ということは、単に「デジタルツールを使って業務を改善しました」と言っても、そのことがライバルに対して競争優位を確立するまでに至っていない場合には DX と称してはいけないことになる。また、新しい製品・サービス・ビジネスモデルを創出しないと DX と称してはいけないことになる。

　しかし、そんなことを言っていたらどの企業も DX 活動に手を出さなくなる。肝はデジタルツールを使って競争優位を確立することである。何よりも重要なことは、DX は一時の活動ではなくて、継続作業であることを認識すべきである。改善を続けて行けば、その内にライバルに差をつけることは可能であろう。改善を続けて行けばトヨタのように日本一の企業になれるのである。

　そこで、図表３－３を参照頂くと上述したことがはっきりするであろう。

　立体的に描かれていないので、分かりづらいかもしれないが、『デジタイゼーション』＜『デジタライゼーション』＜『デジタルトランスフォーメーション』となっている。『デジタイゼーション』をしないと『デジタライゼーション』には繋がらないし、それを進めて行けば『デジタルトランスフォーメーション』へと導かれるケースが出てくるのである。

　同様なことを示している図表３－４の表現もある。

図表 3 － 3　DX の構造

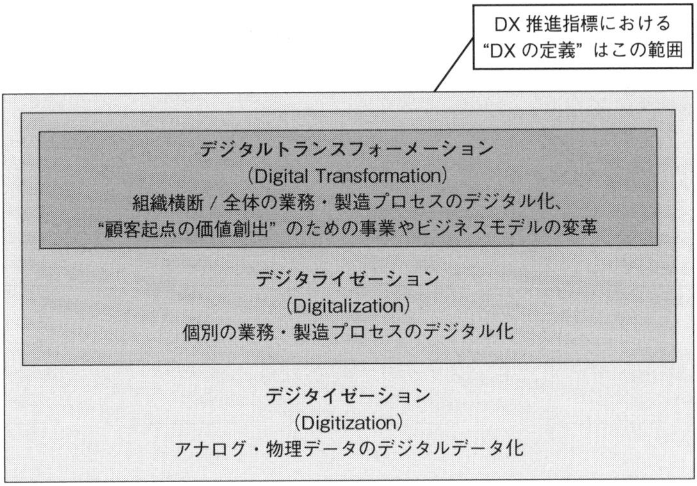

DX 推進指標における
"DX の定義" はこの範囲

デジタルトランスフォーメーション
(Digital Transformation)
組織横断 / 全体の業務・製造プロセスのデジタル化、
"顧客起点の価値創出" のための事業やビジネスモデルの変革

デジタライゼーション
(Digitalization)
個別の業務・製造プロセスのデジタル化

デジタイゼーション
(Digitization)
アナログ・物理データのデジタルデータ化

資料：経済産業省「デジタルトランスフォーメーションの加速に向けた研究会 DX レポート 2（中間取りまとめ）」（2020 年 12 月 28 日）

出典：「中小企業白書2021年版」、中小企業庁 https://www.chusho.meti.go.jp/pamflet/hakusyo/2021/chusho/b 2 _ 2 _1.html　（最終閲覧　2023年4月24日）

図表 3 － 4　デジタル化の 3 段階

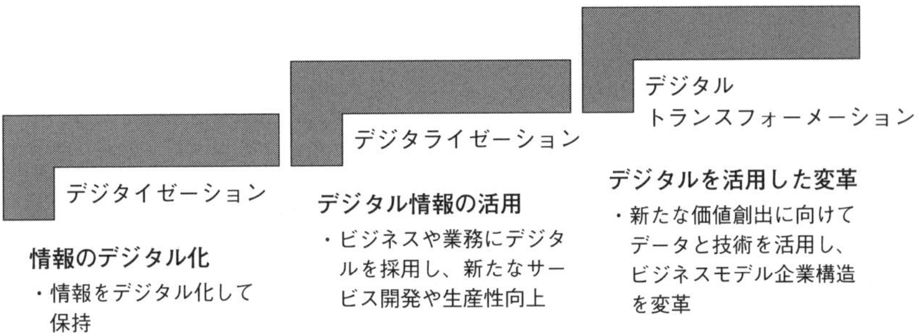

デジタル
トランスフォーメーション

デジタライゼーション

デジタイゼーション

デジタルを活用した変革
・新たな価値創出に向けて
　データと技術を活用し、
　ビジネスモデル企業構造
　を変革

デジタル情報の活用
・ビジネスや業務にデジタ
　ルを採用し、新たなサー
　ビス開発や生産性向上

情報のデジタル化
・情報をデジタル化して
　保持

出典：安部慶喜・柳剛洋『DX の真髄』日経 BP、2021年、P.240

2節 提案する DX の手順

（1）推進手順

　前項の DX の定義で明らかにした『デジタルツールを使った企業の競争優位性を高める改善活動を推進の手順』を図表３－５に示す。また、具体的な各ステップでのアウトプット例を図表３－６に示す。

　見やすさのためフィードバックループ部分の記述を省略したが、５つのステッ

図表３－５　提案する DX の進め方

1. 問題分析
2. 戦略策定
3. OP 設定
4. System 設計
5. System 構築

1．問題分析：生産現場における問題点を抽出・列挙・整理
2．戦略策定：企業または工場の価値を高める戦略を策定
3．オペレーション設定：戦略を最適化するオペレーションと評価指標の設定
4．システム設計：戦略を実現する為のオペレーション改善方法（シナリオ）を設定し必要なデジタルツールを割当
5．システム構築：シナリオを実現する仕組みを構築して効果を検証

出典：著者作成

図表３－６　DX 化の進め方の例

1. 問題分析：工程ごとにチョコ停で生産時間がバラツク。中間在庫を持つことで進捗を調整してるが、ネック工程に引張られて結果として生産期間が長くなっている。生産期間が短縮化されれば注文がとれる見込み客がいる
2. 戦略策定：チョコ停する機械を改善すれば、中間在庫が要らず生産期間を短縮できる。見込み客が増加することで売上げが増加し、生産能力を増やす投資ができる。
3. オペレーション設定：チョコ停の改善のために当該機械を改善、更にチョコ停発生を自己検知して、パトライトを回す。次のステップで自動回復機能を追加する。
4. システム設計：機械ごとに加工進捗を監視する。機械間で作業が同期化される仕組みを IoT と AI で作る。それでも発生するチョコ停をカメラで監視し監督者に知らせる。
5. システム構築：上記システムを構築しテストでチョコ停の発生と各工程の作業時間の実績を収集・分析して成果を評価する。

出典：著者作成

プのそれぞれについて、そのステップ終了後あるいはその後のステップ開始後に、もし上手く行っていないと判断したら、前のステップに戻って再度そのステップを行う必要があることを追記しておこう。

　また、前章の結論にあるように、本手順は本書の対象である「中小製造業」に絞っている。従って、検討する対象は主として生産現場であるが、バックヤードである経理、財務、調達、研究開発、マーケティング、営業、物流、アフターサービスなど全般にわたる範囲についての検討を行う。

　次項以降に各ステップについて説明を加えていこう。

（2）問題分析

　生産現場での問題点を列挙・分析して真の問題点をみつけることが、このステップの目標である。DX の手順の中で最初に行うものである。ここで、問題を拾い損なうと以降のステップの品質が悪くなる。

A. 問題点の列挙

　生産現場を中心に経営の全範囲において感知される問題点を列挙する。重要なことは「ファクト（事実）」を拾っていく。ヒアリングによって、発言者は自分の感想などを言うことが多いが、それはご意見であって必ずしもファクトではない。例えば、「稼働率が悪い」という発言があったときに、その言葉の裏取りをしなければならない。実際の工程ごとの年間の平均稼働率を調査して、ライン１が平均稼働率85%、ライン２の平均稼働率が25% という数字を掴んだときに、初めて「ライン２の稼働率が低い」というファクトが成立する。しかし、本当にこれが問題なのかどうかは次のステップの検討を経なければならない。

B. 問題点の解析

　A. で列挙されたファクト関係を解析して「ファインディング（知見）」を得る。ファインディングとは、これまで明確に事実として検証されていないが、副次的に得られた事実であり、これまで見過ごされてきた事実である。いくつかのファクトを組み合わせれば、気づくことがある。先程の例で「ライン２の稼働率が低い」というファクトに、「ライン２では製品Ｘを生産している」、と営業

からの「製品Xは頭打ちで新製品を考えている」を合わせて考えれば、「ライン2の稼働率が低い」は当然であり、問題点にはならない。

このように、いくつかのファクトを並べてみて、新しい事実を見付けることがファインディングを得ることである。例えば、「製品Zの納期遅れが多い」、「製品Zは機械Tだけで作られる」、「機械Tは稼働率が極めて高い」という3つのファクトが集まれば、「機械Tの能力不足」という新しい問題が浮かんでくる。

また、ファインディングを合わせて新しいファインディングを得ることもある。多くのファインディングを得られることが重要である。

C. 真の問題点（真因）の設定

「真の問題点（真因）」の意味は、対応を取るべき問題点という位置付けである。多くの問題点があるが、この「真の問題点」を解決すれば、列挙された問題点が全て解決されるという役回りである。

この真因を導いている例を図表3－7に掲げる。

図表3－7の企業では、「作業標準がない」、「稼働計画がない」、「進捗管理をしてない」などのファインディングから真因として「成り行き管理である」と生

図表3－7　真因

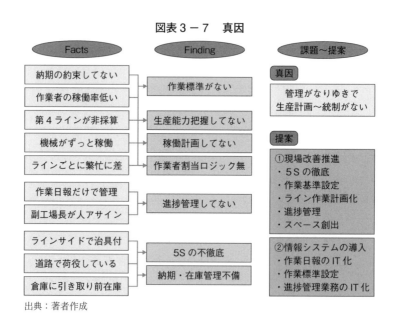

出典：著者作成

産管理体制の不備を指摘した。勿論、この真因に対して「５Ｓの徹底」と「情報システムの導入」という具体的な提案に繋げている。ファクトから提案までが一貫した流れになっていることが必要なのである。

（3）戦略策定

　前ステップで特定した真因を解決することで、企業がライバルに対して競争優位を形成できることを確認するステップである。経営戦略を構築することをこのステップの目標としている。ただし、このステップではまだデジタル化の方法論をイメージする必要はない。純粋にその企業の経営戦略の実現と真因解決が一致していることの確認である。一致していないと真因が間違っているか、経営戦略が間違っているかである。

A．真因への解法の提案

　真因が分かった時に、それがどのように企業戦略の改善に結び付くかを検討する。例えば、その製造業の真因が「完成品在庫が多過ぎる」ことであったとする。ここで、完成品在庫が多いことでこの企業は利益を得ているのか、損失を被っているのかが一概にはわからないことが多い。そこで在庫を減らすと何が起こるのか考えてみよう。顧客へのサービスが落ちることがライバルに顧客を奪われることを意味するのなら、安易に在庫を減らすことはできない。そこで、次項の分析が必要になる。

B．真因と経営戦略の一致を確認

　企業戦略を立てる目的はライバル企業との競争に打ち勝ち、競争優位を形成することである。逆に言えば、競争優位を形成する手段が経営戦略である。つまり、真因の解決で経営戦略が実現する筈である。例えば、前項で挙げた「完成品在庫を減らす」企業の経営戦略が「品揃えをすることで売上を伸ばそう」というものだったとすると、矛盾しているように思える。表面的には、品揃えをすると完成品在庫が増えることになる。そんなときには、次項のような分析を試みる必要がある。

82

C. 最も有効な解法の選定

　真因と経営戦略の整合性を確認するために、経営戦略実現のシナリオを具体的に描いて、ケーススタディをする。前項の製品品揃えを増やしながら、在庫量を減らすことを検討しよう。まず、現状の製品在庫を分析する。そこで、わかることは、売れていない品目の在庫が過多で、売れている品目の在庫が過少またはマイナスとなっている。同時に毎月の需要量のバラツキも分かれば、品目ごとに安全在庫が算出される。安全在庫の算出式を、式（3-1）（大場・藤川、2017年、P.111）に与える。

$$安全在庫＝安全係数×\sqrt{(生産リードタイム)}×需要の標準偏差…（3-1）$$

　ここで、在庫を減らせるための方策として、安全在庫を減らせることも1つである。（3-1）式で左辺を小さくするためには、安全係数、生産リードタイム、需要の標準偏差のどれかを小さくすれば良い。安全係数は品切れの設定する比率で統計的に決まってくる値であるので、サービス率を変えないと変えられない。需要は企業側の差配できる値ではない。となると企業努力で小さくできるのは生産リードタイムだけである。

　つまり、経営戦略を実現して真因を解決する具体的な方策は、安全在庫の考え方を導入することと生産リードタイムを短縮することである。

（4）オペレーション設定

　オペレーションの設定がこのステップの目標である。オペレーションを設定する場合、細かくまた客観的に決めなければならないことがあり、上手くいくにはその関係を数式に示す必要があることがある。数式になれば最適性ということが定義できることがある。

A. 現在のオペレーションの流れ

　オペレーションを検討するには、運用フローを描くことが近道である。図表8に運用フロー図のサンプルを示す。

　運用フロー図は、時間の流れに従って処理するモノ、情報、伝票、システム処理の関係を1つの図に描くことである。作成することによって、それぞれのオ

図表３－８　運用フロー図の例

商品出荷

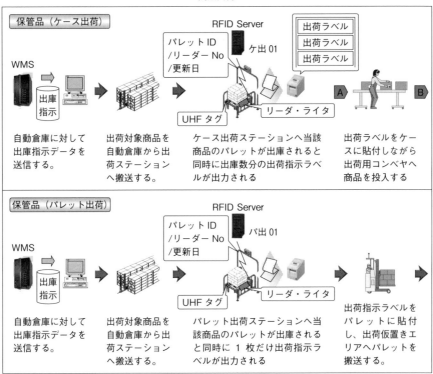

保管品（ケース出荷）

RFID Server

出荷ラベル
出荷ラベル
出荷ラベル

パレット ID
/リーダー No
/更新日

ケ出 01

WMS

出庫
指示

UHF タグ

リーダ・ライタ

A

B

自動倉庫に対して
出庫指示データを
送信する。

出荷対象商品を
自動倉庫から出
荷ステーション
へ搬送する。

ケース出荷ステーションへ当該
商品のパレットが出庫されると
同時に出庫数分の出荷指示ラベ
ルが出力される

出荷ラベルをケー
スに貼付しながら
出荷用コンベヤへ
商品を投入する

保管品（パレット出荷）

RFID Server

パレット ID
/リーダー No
/更新日

パ出 01

WMS

出庫
指示

UHF タグ

リーダ・ライタ

自動倉庫に対して
出庫指示データを
送信する。

出荷対象商品を
自動倉庫から出
荷ステーション
へ搬送する。

パレット出荷ステーションへ当
該商品のパレットが出庫される
と同時に 1 枚だけ出荷指示ラ
ベルが出力される

出荷指示ラベルを
パレットに貼付
し、出荷仮置きエ
リアへパレットを
搬送する。

出典：著者作成

ペレーションにはどのような情報や他のオペレーションとの関係があるのかが明
らかになる。

B．新しいオペレーションの設計

　運用フロー図の作成過程で、いまどうなっているかの確認を関係者間で議論し
ている過程で新しいオペレーションを設計ができる。「今はこうなっている」と
あるプロセスの担当者が説明すると次のプロセスの担当者は「どうしてその情報
を事前にこちらにくれないの」とか「だったらこのデータはそちらで入力してく
れた方が後のプロセスが助かるよ」などと自由に議論をすることで全体にとって
理想的なフローができる。

　ただし、ここで重要なことは単に情報システムを開発するのではなくて、現場改善を含める場合には、どのようにそれを実現するかを新しい運用フローに組み込んでいかなければならない。例えば、「完成品在庫を減らそう」という施策を生産現場で実現するとき、生産計画、在庫管理、生産進捗、出荷管理、営業管理などの関連から設定しなければならない。

　完成品在庫を減らしても品切れを起こさないようにするには、営業の出荷から在庫引当をして、不足した分を生産したばかりの完成品を引き当てるといったオペレーションも視野に入れるとすれば、生産と顧客への搬送を同期化しなければならない。そこで、出荷計画から、在庫管理データをみて、生産計画に不足分を見付けると生産進捗データから完成時点が割り出せるので、物流計画へとデータを繋げられる。

C. 最適化

　運用フローの作成時に必ず起きてくる疑問は、判断の閾値である。例えば、資材Aを発注する部分の議論を話し合ったときに、「何個発注するの」、「どこに発注するの」、「発注したことをどの担当者に知らせればよいの」といったことを決めてやらないと現場は回っていかない。そこで、こういった個々の意思決定について決めが必要になる。発注量は業者との間で発注ロットサイズが決まっている場合には議論は要らないかもしれないが、都度計算するときには、計算式を決定する必要がある。経済的発注量（EOQ ＝ Economic Order Quantity）を活用する場合もあるであろうし、もっと別の要因があればその場合に最適となる式を立てる場合もある。次節の実験事例にこの例を掲げる。

（5）システム設計

　設定したオペレーションを実践するために適切なデジタルツールを活用して仕組を設計するのがこのステップの目標である。

A. 必要となるデータの抽出

　運用フロー図の各部分では、データの入力、出力、参照、更新、削除などの処理が発生する。フロー検討段階では概略の決めであるが、ここで上がったすべて

のデータはリストアップして、情報システム開発時に活用することになる。

B. 入出力ツールの選定

　前項で検討したデータの入力、出力、…の処理は、どのようなツールを使って行うかを運用フロー検討で話合うことが多い。主として、ERP や MES のパッケージを想定している場合、人が入力するのでパソコンの端末が主だが、その他ではバーコードリーダー、RFID スキャナーなどからの入力を想定していることが多い。

　生産機械や輸送機械などが置かれている現場では、生産機械などから有線、無線でデータを取り込む方法やモノの動きにスイッチを取り付けデータ取りし、Wi-Fi で送るとか色々な入力ツールがある。詳しくは、後の節でよく使われるツールを紹介する。現場に端末を設置してそこから入力させる方法もあるが、作業者に負荷を与えないことと客観的にまた自動的に取得する方法を取る方が望ましい。その一つとして現場にカメラを設置して画像データから作業者の動きを分析して生産状況を把握する方法もある。確実性、信頼性、経済性などの観点からデータ収集方法を選定する。

C. オペレーション・システムの設計

　実は、前項の入出力ツールの選定に於いて、オペレーションを想定しないとできない。そのように進めないと、オペレーションの設計の過程で手戻りが起こりやすい。

　前項 B で現状の業務の改善を考案した場合、それを実現する役割をここで果たす。例えば、「完成品在庫を減らせる」ことをオペレーションで実現するとき、制御対象は生産計画である。いつ出荷するかが分かっているので、それまでに生産が完了していれば良い。しかも、出荷時点≧生産完了時点の時間軸の中でなるべく「出荷時点－生産完了時点⇒最小」となるようにすれば良い。となるには、「出荷時点－標準完成品生産時間＝生産開始時点」となるように生産計画を立てて実行すれば良い。そう実行するには、「生産開始時点－標準仕掛品生産時間－予定搬送時間＝仕掛品完成時点」となるようにそれぞれの生産を開始すれば良い。生産計画でこのように時間を設定し、実施時点で生産開始せよとサインを送れば実行できる。また、常にそのようなオペレーションができるには、どのよ

うなツールを使ってサインを送るかを検討する必要がある。方法論は、通常いくつもあり、それぞれの実行性、信頼性を基準に選定する。

（6）システム構築

　設計された仕組みを組み上げて、想定して結果が出るかを検証する必要がある。忘れてならないのは、頭で考えたものを現場でやってみたら全く違うことがあることである。現場でのオペレーションの流れでは、上手く信号が受け取れないケースもある。また、ノイズが入って伝わらないケースが頻発することもある。アイデアですぐにシステムを完成させるのではなくて、仮設の仕組みで実験しなければならない。次章で我々のグループで構築したシステムの検証課程を説明している事例を紹介するが、センサーを取り付けて信号を拾うというアイデアは良いとしても、外気や振動が発生したら信号が取れないこともある。つまり、現地でやってみなければならないのである。

3節　実験事例

（1）実験対象企業概要

　実験の対象とする企業として選定したのは、弁当工場である。顧客はコンビニ各店で、20〜30品目のお弁当を日々3回の注文に応じて生産・納入している。弁当に詰める米は、炊飯工程で当日の需要量に応じて自動炊飯される。具材は社内生産と近隣協力業者に発注し問題なく納品される。

　弁当の生産は、コンベアラインに何人ものパートさんが並んで、個々に担当の具材を詰め込んでいくライン生産方式を取っている（藤川、2019年、P.112〜113）。

（2）手順に従った DX の推進

A．問題分析

　弁当工場では、毎日コンビニ各店からお弁当の注文が入る。コンビニ店は店内で販売する弁当の種類と量を予測して弁当工場へ発注するが、なるべく朝昼夜の食事時間のピークに近い時間帯に注文したい。また、自分達の都合で何度も注文を訂正したい。一方、弁当工場では注文を受けて完成させて納品するのに、輸送時間を考えると短時間で弁当を生産しなければならない。

　ライン生産方式は比較的短時間で多量の弁当を生産することができるが、品目の切り換えに時間と手間が掛かり、品目数は抑えなければならない。つまり、多品目化には対応が難しい。ところが、最近多品目化の流れは止めることができず、品目は増える一方で、品目ごとの注文数は減少の一途である。このことは段取り替え時間の増加を意味しており、短期間での生産能力の低下となる。

B．戦略構築

　競争相手の弁当工場は、今のところ一日3回の納品という納入条件ではライバル弁当工場と差がない。一方、顧客のコンビニにとって主力商品である弁当は

同時に回転の速い商品の一つなので、売り切れによる機会損失も売れ残りの処分も大きく収益に影響を受ける。当然のことながら、何度も注文内容（品目と注文数）を変更したいというコンビニ店の要望に弁当工場が対応することは難しい。

どの工場も対応できないとなれば、対応できる工場は差別化が可能となる。どのコンビニも多少値段が高くても、需要に即座に対応してくれる工場の方に注文を出したいものである。

つまり、この弁当工場の戦略は、「弁当の注文を出荷の〇〇分前まで変更に応じる」ようにすることで、売上と利益を増やそうというものになる。

C. オペレーション設定

まず、生産時間の短縮のために、ベルトコンベアを使ったライン生産方式からセル生産方式（屋台方式）に変更する。これは、「電機関係やカメラ工場などはほとんどが屋台方式を導入している。部品を組み立てるタイプの生産はベルトコンベア方式から屋台方式に転換して非常に生産性が高まったという事例が多い。食品工場でもそれは同じである。」（小杉、2009年、P.124）という根拠がある。

そこで、図表3－9にあるようなセル（屋台）を並べるレイアウトを考えた。

4人の作業者が搬出コンベアの両側に座り、個々に別の品目の弁当を生産する仕組みを想定した。この4人をコンベアに並べて作業をして貰いと一時に一品目しか生産できない。このセル化で多品目の生産に対応できることになる。

次に各セル（屋台）での生産品目は、最新の需要情報で切り換える必要がある。品目を切り換える前に、今何を何個まで作ったかの生産実績を取る必要がある。生産進捗把握方法は次項に譲るとして、この段階では需要変更データを受けて品目切替のロジックを考える。

前提条件として、各作業者の品目ごとの標準生産時間は既知である。また、初期の注文（量と品目と納期）も顧客ごとに与えられている。それらを考慮した生産計画が作られ、時間がくれば生産を開始する。そこで、ランダムに注文変更が入ってくる。このランダムにくる情報を対処するためには、制御するコンピュータは常に何秒ごとに品目の切り換えの有無をチェックしなければならない。そこで、図表3－10のループを回す必要がある。

この品目の切り換えが必要かどうか、また、どの品目に切り換えるかを計算す

図表 3 － 9 　仮想弁当工場の製造セル・ライン

出典：小湊昂平・藤川裕晃（2016）『映像認識を用いた生産管理システム～生産
　　　現場での IoT 導入』 平成28年度日本経営工学会春季大会予稿集、P.154～
　　　155

図表 3 －10 　簡易フローチャート

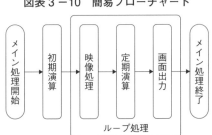

出典：小湊昂平・藤川裕晃（2016）『映像認識を用いた生産管理システム～生産現
　　　場での IoT 導入』 平成28年度日本経営工学会春季大会予稿集、P.154～
　　　155

る式として、次の式を提案した（小湊・藤川、2016年、P.154〜155）。

$$IP_{k(1 \sim k), t} = INDEX_t[EN_{it} \geq DPT_t \cap \min\{DPO_t - EN_{it}\}] \qquad \cdots（3-2）$$

$IP_{k(1=k), t}$：時点 t における作業者 k の現在生産すべき品目［i］

DPT_t：時点 t における最も優先順位の高い製品の需要数［個］

DPO_t：時点 t における優先順位2位以下の製品の需要数［個］

EN_{it}：時点 t での品目 i の納期までの予想合計　総生産数［個］

ここで、EN_{it} はどのように計算するかを下記の（3-3）式に示す。

$$EN_{it} = \sum_K \{INV_{itk} + PS_{itk} \times TL_{tk}\} \qquad \cdots（3-3）$$

K：作業者数［人］

INV_{itk}：時点 t、作業者 k、品目 i における生産済合計数［個］

PS_{itk}：時点 t、作業者 k、品目 i における平均生産速度［個／分］

TL_{tk}：時点 t における作業者 k の作業可能残り時間［分］

$$PS_{itk} = INV_{itk} \div (t - TCT_k) \qquad \cdots（3-4）$$

TCT_{tk}：時点 t における作業者 k の段取替えにかかった総時間［分］

$$TL_{tk} = (DL_{it} - t - CT) \qquad \cdots（3-5）$$

DL_{it}：時点 t での品目 i の納期［分］

t：生産開始から現在までの経過時間［分］

CT：段取替えに必要な時間［分］

$$TCT_{tk} = CN_k \times CT \qquad \cdots（3-6）$$

CN_k：作業者 k がすでに行った段取替え回数［回］

　ある時点で納期の迫った一番優先順位の高い品目をその最新需要量まで生産するという考え方である。勿論、どれを優先するかの戦術は工場ごとに様々な考え方があると思われるので、式は何種類もあってしかるべきである。

D. システム設計

　前項のオペレーション設定とシステム設計は、機能的には別々のものだが、実務的には一緒になってしまうことは避けられない。

　図表3-9の生産現場で生産が進捗されているのを、図表3-10のループが

図表３−11　生産完了のカウントの取り方

出典：小湊昂平・藤川裕晃（2016）『映像認識を用いた生産管理システム〜生産現場での IoT 導入』　平成28年度日本経営工学会春季大会予稿集、P.154〜155

回っている状況で、進捗管理はどうするかを考えよう。

　作業者には生産の終了時点がわかっている。作業者に何らかのスイッチを押して貰うというアイデアが当然の方法である。しかし、作業者は忙しいとついつい忘れてしまうこともある。また、２度押しとか兎に角人間なんて信用してはいけない。そこで、画像処理を使うことを考えた。ではどうすれば終わったかの信

図表３−12　システム構成図

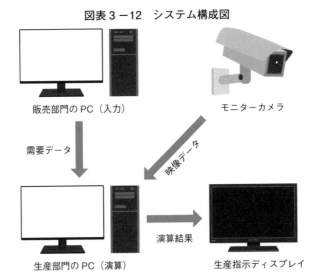

出典：小湊昂平・藤川裕晃（2016）『映像認識を用いた生産管理システム〜生産現場での IoT 導入』　平成28年度日本経営工学会春季大会予稿集、P.154〜155

　号を確実に取れるかを一連の作業から見極めたら、終了した弁当をコンベアに流すときは、確実に終わりである。その瞬間をカウントした。図表3－11にその模式図を示す。

　つまり、作業者の左側にラインを設定して、ここを通過したらその弁当を識別するのである。弁当の中身を画像的に解析すると結構時間がかかるし、どの弁当も中身がカメラに映るとは限らないのでラインの遮光とその場所にアサインされている品目の情報でカウントするのが妥当なやり方である。

　これまでの検討の結果、図表3－12のシステム構成が浮かび上がってきた。

E. システム構築・検証

　前項のシステムを実装して、図表3－13のようなテスト環境を作成して実験を行って効果の確認をした。

　図表3－14のような設定を考えて、図表3－15の結果を得た。

　まず、生産の開始から、納期の変更が生じる時点の直前である19分経過時点までの検証結果である。生産開始時点での生産指示は、青、青、青、赤という風になった。これに従い生産を行った。

図表3－13　画像データ

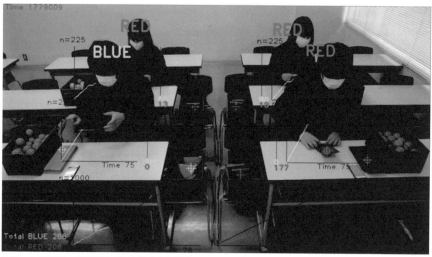

出典：小湊昂平・藤川裕晃（2016）『映像認識を用いた生産管理システム～生産現場でのIoT導入』平成28年度日本経営工学会春季大会予稿集、P.154～155

図表３－14　検証ケース設定

生産ラインの状況は以下の通り変動する

作業者	A	B	C	D
	約３個／分	約４個／分	約５個／分	約６個／分
生産需要	製品 青		製品 赤	
	900個／75分		600個／100分	

↓ 開始20分後

作業者	A	B	C	D
	約３個／分	約４個／分	約５個／分	約６個／分
生産需要	製品 青		製品 赤	
	900個／75分		600個／60分	

出典：小湊昂平・藤川裕晃（2016）『映像認識を用いた生産管理システム〜生産現場でのIoT導入』　平成28年度日本経営工学会春季大会予稿集、P.154〜155

図表３－15　検証結果

プログラム開始〜19分経過時点

生産指示	A	B	C	D
	青	青	青	赤
19分経過時点での 製品ごとの 必要数量＆生産数量	製品 青		製品 赤	
	必要	実際	必要	実際
	228	228	114	114

プログラム開始後20分〜60分経過時点

需要変更後の 生産指示	A	B	C	D
	赤	赤	青	赤
60分経過時点での 製品ごとの 必要数量＆生産数量	製品 青		製品 赤	
	必要	実際	必要	実際
	720	439	600	602

出典：小湊昂平・藤川裕晃（2016）『映像認識を用いた生産管理システム〜生産現場でのIoT導入』　平成28年度日本経営工学会春季大会予稿集、P.154〜155

　そして19分経過時点での必要な個数は、それぞれ228個、114個となった。ここで、実際の生産個数はどうなったかというと、この必要個数と同じ、228個、114個となった。このことから、初期演算によって得られた生産指示は正しかったという事がわかる。

　次に、納期の変更が生じる20分経過時点から、60分経過時点までの検証結果

である。20分が経過した時点で、製品赤の納期が100分から60分へと変更された。プログラムの定期演算では製品赤の優先度が高いものと認識し、この製品赤の生産が確実に間に合うように生産指示が変更された。その結果はそれぞれ、赤、赤、青、赤となった。ここで、60分が経過した時点で、どのようになっているか確認すると、製品赤の必要個数は600個で、それに対し実際に生産できた数はそれを少し上回る602個となった。このことからこのプログラムは、このとき必要とされる正しい生産指示を自動で行うことができたと言える。

〈参考文献〉

1．岸和良・杉山辰彦、他（2022）『DX 人材の育て方』 翔泳社
2．藤川裕晃（2019）『弁当生産におけるセル生産の導入』 日本生産管理学会第50回全国大会予稿集、P.112〜113
3．小湊昂平・藤川裕晃（2016）『映像認識を用いた生産管理システム 〜 生産現場での IoT 導入』 平成28年度日本経営工学会春季大会予稿集、P.154〜155
4．大場允晶・藤川裕晃（2017）『生産マネジメント概論 技術編』 文眞堂
5．小杉直輝（2009）『続 食品工場改善入門』 水産タイムズ社

4節 システム構築方法

（1）デジタルシステム概要

　ここで構築するシステムは、デジタルシステムである。デジタルシステムとは、デジタル技術を用いて構築された情報システムのことであるが、デジタルシステムは、コンピュータやスマートフォン、タブレット、センサー、スイッチ、カメラなどのデバイス、そしてインターネットやクラウドサービス、さらにはソフトウェアやアプリケーションなど、デジタル技術を用いた様々な要素で構成されている。

　デジタルシステムは、社会生活における業務効率化やコミュニケーションの円滑化、情報処理やデータ分析など、多くの用途で利用されている。企業や組織では、業務管理や販売・マーケティング、人事・経理など、さまざまな部門でデジタルシステムが活用されており、データの収集・分析・活用が迅速かつ効果的に行われるようになってきた。

　現在、さまざまな事例創出が進められており、例えば、1）独立行政法人情報処理推進機構（IPA）では、中小規模製造業者の製造分野におけるデジタルトランスフォーメーション（DX）推進のためのガイドの中で、製造分野の DX 事例集として14社が取り上げられている。[注1]

　また、2）公益財団法人 東京都中小企業振興公社では、中小企業向けに生産性向上のためのデジタル技術活用推進事業を展開しており、デジタル化推進ポータルのホームページの中に、事例紹介動画が紹介されている。[注2]

　他にも、インターネット検索によりさまざまな事例を見つけることができる。ゼロから自社に必要なシステムを検討することは容易ではなく、自社の課題と類似の課題解決を目指した他社事例を参考に自社にあったシステムを検討する手順をとるのが現実的だ。ただし、参考とする他社事例と自社を比較した場合、解決

注1）　https://www.ipa.go.jp/digital/dx/mfg-dx/ug65p90000001kqv-att/000087633.pdf
注2）　https://iot-robot.jp/business/iotai02/movie/

課題が同じに見えても、企業文化や組織体系をはじめ、対象事業、業務フローなどは大きく異なっている。したがって、単なるコピーでは決して、うまくはいかない。他社事例を理解した上で、自社にあったシステムとはどうあるべきかを検討することが重要となる。

（2）デジタルシステムの例

中小製造業における DX に向けては、デジタルシステムの導入とその利活用が重要となる。どのようなシステムを導入するかは、企業の目標や業務ニーズに応じて異なるが、一般的に必要とされるデジタルシステムの例は次の通りである。

A. 生産管理システム

生産スケジュールの管理や進捗状況の把握、リソースの最適化などを行うシステムである。これにより、生産効率の向上やコスト削減が可能となる。生産計画と実際の生産状況を統合的に管理する製造現場の実行管理システムは、MES（Manufacturing Execution System）と呼ばれる。MES より、生産性向上や品質向上を図ることができる。

B. 品質管理システム

製品の品質を維持・向上させるために、品質データの収集・分析や不良品の追跡・対策を行うシステムである。AI 技術を活用した自動検査や予測メンテナンスなども適用される。

C. 在庫管理システム

製品や部品の在庫状況をリアルタイムで把握し、適切な在庫量を維持するためのシステムである。需要予測や発注最適化機能を含むことで、在庫コストの削減が期待できる。

D. IoT デバイスとデータ収集システム

工場内の機械や設備からデータを収集するための IoT デバイスと、そのデータを一元管理・分析するシステムである。これにより、リアルタイムの情報を活

用して業務改善や効率化が実現される。

E.　ロボットシステム

作業の効率化や生産性の向上を目的に、ロボットを応用したシステムが用いられる。例えば、ロボットアームによる組立・加工作業、AGV（Automated Guided Vehicle）による製品の運搬や部品の搬送など物流作業、その他、検査作業、製品の入出荷に伴う荷役作業、工場内設備の点検やメンテナンス作業などロボットの導入が進んでいる。

F.　顧客関係管理システム（CRM：Customer Relationship Management System）

顧客情報を一元管理し、営業活動やアフターサービスを効率化するシステムである。顧客対応の改善や新規顧客獲得に役立つ。

G.　人事・労務管理システム

従業員の勤怠や給与計算、人材育成などの人事業務を効率化するシステムである。労務コストの削減や人材活用が期待できる。

H.　RPA（Robotic Process Automation）

ルーチン業務を自動化するシステムで、従業員の負担軽減や業務効率化が期待できる。

I.　ビッグデータ分析システム・BI（Business Intelligence）ツール

膨大なデータを分析し、有益な情報や知見を抽出するシステムである。製造業においては、生産プロセスや品質管理の最適化、需要予測などに活用される。

J.　VR（Virtual Reality）/AR（Augmented Reality）システム

仮想現実や拡張現実技術を活用したシステムで、製品設計や研修、メンテナンス作業などに活用される。VR/AR の活用で作業の効率化やコスト削減が実現される。

K． ３Ｄプリンティングシステム

製品のプロトタイプや部品の製造を迅速に行うことができるシステムである。開発サイクルの短縮や在庫削減に寄与する。

L． エネルギーマネジメントシステム

製造業におけるエネルギー消費の最適化を目指すシステムである。省エネルギー対策やコスト削減に役立つ。

新しいデジタル技術の普及やクラウドサービスの登場で、従来システムの高度化が進み、新しい便利なシステムも生み出されている。オープンソースや無料サービスの活用で安価に自社向けのシステムを導入することも可能である。これまでのようにベンダサポートを前提とした、デジタルツール導入から、自らの試行錯誤を前提にする必要がある。まずは、自分たちの業務と向き合い、既存の業務フローや生産プロセスの問題点の真因を探り、デジタル活用の視点でその改善策を検討し、フィットするデジタルツールを見つけて、実際に試してみることで、成果を上げていく取組みへと転換していく必要がある。

（3） デジタルシステム導入ステップ

次に、デジタルシステムの導入ステップについて述べていく。デジタルシステムの計画から製作、運用までは、次の5つの段階で進められる。

A． 要件定義

まずは、システムの目的や機能を明確に定める。要件定義には、システムの利用者や関係者とのコミュニケーションが重要となる。問題点やニーズを把握し、それらを解決するための具体的な機能や性能の洗い出しを行う。

B． 設計

要件定義をもとに、システムのアーキテクチャ（構成）やデータ構造、アルゴリズム、インターフェースなどを設計する。設計段階では、モジュール化や階層化などの設計原則を活用して、システムの複雑さを管理しやすくする。

C. 実装

　プログラミング言語を用いて、設計されたシステムのコーディングを行い、実際に動作するソフトウェアに仕上げていく。C++ や Java、Python などの言語がよく使われている。コーディングの際には、可読性や拡張性を考慮した効率的なプログラムが求められる。

D. テスト

　システムが正しく動作するかどうかを検証する。ユニットテスト（個々のコンポーネントのテスト）、結合テスト（複数のコンポーネントを組み合わせたテスト）、システムテスト（全体のテスト）など、段階的に行なっていく。また、性能やセキュリティ、ユーザビリティなどの非機能要件も評価する。

E. 運用・保守

　実際に稼働させるためシステムの準備を行い、本番環境に配置（デプロイ）し、運用を開始します。運用中に発生する問題や改善点を修正・改良し、システムの安定性や効果を維持・向上させる。

　これらのステップを繰り返すことで、デジタルシステムは逐次改善され、最適化されていく。すなわち、試行錯誤を通し、システムを高めていく取組みとなる訳であるが、その場合、ユーザー視点・顧客視点に立ったアイデア創出を行い、プロトタイピングから小さな機能開発を繰り返す手順を取るのがよい。これらは、アジャイル開発とデザイン思考によるシステム開発と呼ばれる。

（4）システム設計の観点

　業務効率化や生産性向上には、業務プロセスや生産プロセスの改革が伴う。それらを主導できるのは IT ベンダではなく、自分たちである。プログラミングを必要としないノーコードシステム開発環境の普及が進んでいる。今後は、デジタルシステムの内作化が主流となっていく。そのためには、計画的に社内のデジタル人材の育成を進めていく必要がある。プログラミングスキルやアルゴリズムの理解、システム設計の基本原則を学ぶことが必要であり、次の 4 つの観点が求

められる。

A. 基本的な知識とスキルの習得

　デジタルシステムの構築に関わる基本的な知識やスキルを学ぶ。これには、プログラミング、データ構造、アルゴリズム、ネットワーク技術、データベース管理などが含まれる。

B. チームワークとコミュニケーション

　デジタルシステムの構築は、多くの場合、チームで行われる。効果的なコミュニケーションやチームワークのスキルを磨くことで、プロジェクトの成功に大きく貢献できる。

C. クリティカルシンキングと問題解決能力

　デジタルシステム構築においては、様々な課題や問題に直面することがある。システム開発を成功させるには、状況を的確に把握し、効果的な解決策を考え出す能力が重要となる。

D. 最新技術の追求

　デジタル技術は日々進化しており、常に最新の技術トレンドを追跡しておく必要がある。新しい技術をいち早くうまく導入することができれば、一気に業界のフロントランナーへ駆け上がる可能性が生まれてくる。最新技術に触れる楽しみや実務導入で変革を起こすことをモチベーションに好奇心をもって取り組んで頂きたい。

（5）要素技術の繋がり

　システム構築に際しては、システムを構成する全ての要素を把握するとともに、システム全体を俯瞰し、系統的に情報を整理し、分析することで、全体最適化を検討することが必要となる。本節の最後に本書で取り上げる要素技術の全体的なつながりをあらわす構成図を図表13－16に挙げる。

　業務支援システムとは、業務の基幹システムや生産管理システムなどである、

図表13−16　デジタル技術の相互関係

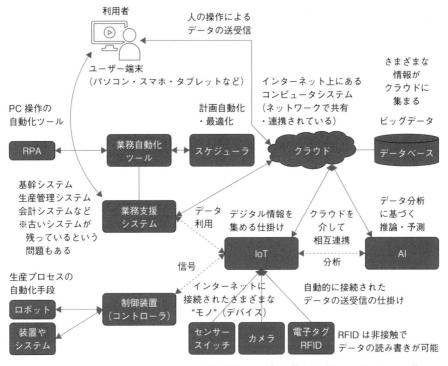

出典：著者作成

会計システムや勤給管理システムなども業務支援システムに含まれる。それらは
ユーザーが PC 端末により利用している。業務支援システムの利活用を通じて、
データの入出力が発生する。

　また工場には、ロボットや製造設備の配置で生産ラインが構成されており、そ
れらのオペレーションを制御装置が担っている。生産管理システムからの情報に
基づき、制御装置に運転指示が出され、生産ラインや製造装置のオペレーション
を行っている訳である。

　業務支援システムや現場のオペレーションの高度化・効率化を図るための新し
いデジタル技術が IoT、AI、クラウドである。クラウドは、インターネット上に
あるコンピュータシステムで、ネットワーク上にデータベースを持ち、データの
共有・連携を図るための仕掛けである。インターネットの接続環境であれば、ど

こでもデータの利用や参照が可能となる。IoT は、現場との情報連携の仕掛けである。現場に配置した①センサーやスイッチ類、②カメラ、③電子タグや RFID で収集したデータをクラウドで共有、クラウドのデータの分析結果から、IoT を通じて新たなオペレーション指示を出すこともある。

　AI はデータ分析による推論や予測を行う仕組みである。単純な条件判断であれば、プログラムにより実現可能であるが、集めたデータからパターンや特徴をつかみ、推論や予測を得るものが AI である。人間の意思決定の自動化につなげられるものである。

　その他、PC 上のアプリケーションや業務支援システムで一連の業務を行っているが、それらの業務の自動化も進んでいる。複数のアプリケーションにまたがる一連の操作を自動化するものが、RPA と呼ばれる、PC 操作の自動化ツールであり、計画作業の自動化や最適化にスケジューラーが利用されている。各要素技術については、次節で解説を行う。

5節　要素技術

（1）IoT

A. 概要

　IoT（Internet of Things）はモノのインターネットと呼ばれるように従来取得できていなかった情報を取得するために多種多様なモノをインターネットに繋げることによりデータを取得するものである。情報をデータ化することで感覚や経験ではなく定量的に結果を得ることが可能となる。

　本書では、IoT 自体の説明は最小に留め、中小製造業を対象にしたスモールスタートのアプローチを提案する。「IoT を進めるには、IoT でどのようなことができるのかを知り、自社の戦略のなかでどのように取組むかを考え、小さく試して、業務のなかで自社への適用や新しいビジネス創造などに展開していく方法を考える、という流れが 1 つのパターンとなる。IoT は「やってみないと効果がわからない」という面もあり、いきなり全社展開、ということではなく、スモールスタートで見極めることが IoT の進め方として有益である。」（岩本・井上、2017年、P.92）ここで述べられているように、スモールスタートとして、身の丈 IoT や DIY IoT のように安価な機器やサービスを社内に導入する手法に焦点を当てる。

　尚、IoT という手法の導入だけでは、実務では不十分であるため、その先のデータ可視化まで含めた説明を行う。

　本書で説明する全体の流れを図表 3 −17に示す。IoT により、①装置に必要な信号を取得するためのセンサーやスイッチと IoT デバイスを接続する。②インターネットやネットワークに繋ぎ、IoT デバイスからのデータを送信する。③クラウド上でデータを受信して蓄積する。単なるデータの蓄積のみでは判断や意思決定ができない。したがって、データ整形を経て、判断や意思決定のためのデータ分析を行う。④判断や意思決定に適した表示形態でデータ可視化を行ったうえで、社内や社外とデータの共有を図る。これによりデータを活用による判断や意思決定が可能となる。ここでは、①〜④の詳細について説明した後、実際の使用

図表3－17　全体の流れ

出典：著者作成

例を紹介する。

① 信号を取得

　まずは、管理対象と数値管理の目標を定める必要がある。そのために、現状の問題点の分析から課題を抽出し、課題解決に向けた仮説を設定する。仮説に基づき、課題を解決、改善するにはどのようなデータが必要なのかを検討する。そして、データを得るための信号取得手段、すなわち、データ取得装置（本稿ではセンサー類を区別するためにデータ取得装置と総称する）を選択する。例えば、図表3－18に示されるようなデータ取得装置があげられる。これらのデータ取得装置は、ネット通販サイト（amazon、スイッチサイエンス等）で安価に入手することができる。

　センサーを用いて、温度や対象までの距離や傾き、速度、重量といったデータの取得を行う。リミットスイッチを用いると物体の到着や通過検知が可能となる。カメラ画像・動画にAIを適用すると、物体検知や異常判断が可能となり、品質管理につなげられる。また、RFIDを使用することにより、物体のトラッキングが可能となる。

　単体で販売されているデータ取得装置を利用したり、②～④までの機能を組合わせたシステム品やパッケージ品も販売されているので、あわせて検討されたい。

② 信号のデータ化

　データ取得装置を図表3－19に示すようなIoTデバイスと言われるマイコンに接続する必要がある。Arduino、Raspberry Pi、M5シリーズなどが広く利用されているようである。

　ArduinoとRaspberry Piを取り上げたIoT導入本が多く見受けられるが、著

図表 3 − 18　情報取得の種類

データ取得装置の例	製品の例	出典
センサ（距離、角度、振動、気温、音声、加速度、電流、光の強度等）		販　売　元：スイッチサイエンス ブランド名：SparkFun 商　品　名：超音波距離センサ 　　　　　　HC-SR04
リミットスイッチ		販　売　元：モノタロウ ブランド名：オムロン 商　品　名：2 回路リミットスイッチ 　　　　　　WL 一般形
カメラ（動画、写真）		販　売　元：スイッチサイエンス ブランド名：Raspberry Pi 製　品　名：Raspberry Pi カメラ 　　　　　　モジュール V2.1
RFID		販　売　元：秋月電子通商 ブランド名：Parallax Inc. 商　品　名：USB 接続 RFID リード 　　　　　　（読み込み）モジュール 　　　　　　（タグサンプル付き）

出典：https://www.switch-science.com/products/6080
　　　http://www.monotaro.com/g/00017277/#
　　　https://www.switch-science.com/products/2713?_pos=56&_sid=57252171f&_ss=r
　　　https://akizukidenshi.com/catalog/g/gM-06826/

者は、M 5 シリーズの M 5 StickC Plus を好んで使用している。

　M 5 シリーズは、Grove System と呼ばれる標準化された I/O インターフェースが実装されている。 Grove System とは、Seed studio 社が開発した、各種センサーや I/O デバイスを 4 ピンのコネクタで接続するだけで利用できるという規格である。コネクタ接続でセンサーが利用できる上、Wi-Fi 通信モジュールも標準で実装されているので、本体とセンサーだけで簡単に IoT の実装が可能となる。その他、画面やバッテリーも備えており、利便性が高い（図表 3 − 20）。

　Arduino と Raspberry Pi の場合、自由度が高く、I/O 点数も増やせるメリットがあるものの、ブレッドボードを介した配線作業やはんだ付け作業が必要となるため、実装までの手順が煩雑となる。

図表 3 − 19　主な IoT デバイス

IoT デバイス	製品の例	出典
Arduino		販　売　元：スイッチサイエンス ブランド名：Arduino 製　品　名：Arduino Uno R 3
Raspberry Pi		販　売　元：スイッチサイエンス ブランド名：Raspberry Pi 製　品　名：Raspberry Pi 4 　　　　　　Model B/2GB
M 5 StickC plus		販　売　元：スイッチサイエンス ブランド名：M 5 Stack 製　品　名：M 5 StickC Plus

出典：https://www.switch-science.com/products/789?_pos= 3 &_sid=980a26742&_ss=r
　　　https://www.switch-science.com/products/5681?_pos=11&_sid=36962f 8 e 6 &_ss=r
　　　https://www.switch-science.com/products/6470?_pos= 6 &_sid=d12b 6 d84c&_ss=r

　データ取得装置と IoT デバイスを繋ぎ使用するためにはプログラム作成が必要となる。M 5 シリーズは ESP マイコンが利用されている。これは、Arduino と共通のものであるため、Arduino IDE と呼ばれる開発環境でプログラム開発を行うことができる。プログラムといっても 1 から組む必要はなく、Arduino

図表 3 − 20　M 5 StickC plus とセンサー接続写真

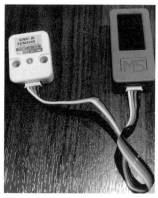

出典：著者撮影

IDE にあるサンプルプログラムを使用したり、公式サイトやブログ、書籍等で公開されているプログラムを参考にすることができる。センサーを接続してクラウドに送信するようなシンプルなプログラムであれば、参考となるプログラムを少し書き換えるだけで、事足りる場合が多い。外部のハンズオンセミナーへ参加することもスキル修得の近道となる。

③　データ蓄積・整形・分析

　データ取得の手段としては、IoT デバイスによる無線通信によらずとも、PCに I/O ボードを繋ぎ、センサーデータを有線で PC の I/O へ直接取り込むことも可能である。また、無線通信は、Wi-Fi や LPWA、Bluetooth 等いくつかの種類がある。

　スモールスタートによりスピーディーに効果検証行うには、著者の場合、M 5シリーズ（M 5 Stick C Plus）を利用して、Wi-Fi 接続によるデータ取得を行っている。Wi-Fi 通信であれば、モバイル Wi-Fi やスマートフォンのデザリングにより容易に実現することができる。

　また、IoT 実装によりデータを取得するだけでは、成果を創出には至らない。蓄積データの利活用の視点で整理する必要がある。

　データ蓄積を行うためのクラウド環境としては、3 大クラウドを利用すると便利である。3 大クラウドとは、GCP や Azure、AWS である。著者の場合、IoT の簡易ダッシュボードとして、Google スプレッドシートを利用するため、主に Google Cloud を使用している。Google スプレッドシートに Arduino IDEと GAS（Google Apps Script）を連携させることにより、データのリアルタイム取得及び蓄積が可能である。Google スプレッドシートであれば、インターネット接続環境があれば、任意の PC で情報共有が可能となり、使い勝手が良い。

　データ分析とデータのビジュアル化にも、Google スプレッドシートは便利である。IoT データをスプレッドシートのセルに順次、書き込んでいく。VLOOKUP 等の関数を使用すると、シート間でデータの参照が可能であるので、その機能を用いて別のシート上でデータ分析やビジュアル化を行っていく。スプレッドシートを使用するので、関数や計算式を用いた演算やフィルタリングによる整形が容易に可能である。C. 使用例のところでも利用しているが、条件付き書式設定を用いると、例えば、一定の条件を満足する場合には、そのセルを赤色

にするといった表示の工夫も可能となる。

　その他、合計、平均、中央値、最小、最大、標準偏差などの統計処理やグラフ表示も容易にできる。時系列データを扱うことも多く、時系列データを折れ線グラフ表示の上、近似曲線を求めて簡単な予測機能を追加することができる。これらは、全てプログラムコードが不要で、スプレッドシートの編集だけで実現することができる。

④　データ可視化

　Google スプレッドシートに入力されたデータ列を見ただけでは、そこから得られる情報量は少ない。そこで、③で、データ蓄積と Google スプレッドシートによる簡易的な可視化手法を説明した。

　データ可視化の手段として、BI（Business Intelligence）ツールの活用が進んでいる。BI ツールは、収集されたデータを分析し、それらのデータからパターンやトレンドを見つけ出すためのソフトウェアツールである。BI ツールには、データの整理、処理、可視化、予測分析などの機能が含まれている。

　BI ツールの説明を引用すると次の通りである。「BI（Business Intelligence）とは、2006年以降のモバイル対応をきっかけに、急激に使われ始めたデータの可視化ツールです。BI を活用することで、データを元により良い意思決定を行うことができるようになります（有名なツールでは、マイクロソフトの Power BI、Google の Google データポータル（現在は名称が Looker Studio に変更）などがある）。」（船井総合研究所デジタルイノベーションラボ、2021年、p.141）

　具体的には、Google スプレッドシートやエクセルのデータを BI ツールに取り込み、グラフやデータラベル、説明文を表示し見やすいように加工する。

　他に有名な BI ツールとして、Tableau があげられる。こちらは有料ツールである。BI ツールがどのようなものか試すには、ひとまず、Google の Looker Studio をお勧めする。基本機能であれば無料で試すことができるうえ、Google スプレッドシートとも相性がよい。Google スプレッドシート同様に URL の共有でデータが共有できる。その他、設定した時間にメールを送ることが可能である。

　試用により、BI ツールの基本機能を理解した後は、実運用に必要な機能から、BI ツールの比較検討を行い、自社にあった BI ツールを選択するのが良い。

B.　システム上の位置づけ

　定性評価から定量評価へということで「工場に IoT を導入して大きく変わることは、これまで定性的に把握していた工場の状況を定量的に把握できるようになることだ。定量化のメリットは大きく 3 つある。1 つ目は「比較できるようになること」、2 つ目は「議論を透明化できること」、3 つ目は「イメージを固定化できること」である。いずれも業務の効率化や利益率の向上に効果が見込める。」（永山貴久、2019年、p.15）で述べられているように IoT を導入することで、これまでの KKD（勘、経験、度胸）による工場オペレーションからデータドリブン型の工場オペレーションへと転換することができる。これまでの熟練者の KKD による工場オペレーションを否定するものではないが、後継者不足・人材不足の進む現場では、蓄積データの利活用による、技能継承や現場改善がますます重要となる。

　IoT 導入というと高価でハードルが高いとのイメージをお持ちかもしれないが、今日では、さまざまなツールやサービスが登場し、安価に購入・利用することができる。無料枠を設定しているサービスもある。また、ツールの利活用に関するノウハウをウェブ上で公開しているユーザーや企業も多く、書籍やセミナーも豊富にある。つまり、今は、その気になればいつでも IoT を実装できる環境が整っているということである。まずは、DIY によるスモールスタートで費用対効果の目途を立てた上で、IoT システムの本格運用に向けて耐久性や操作性などを高めたシステムを IoT ベンダに発注するのが良い。費用対効果に見合った投資額を基準に、システム仕様を定めていく。また、資金調達の手段として、補助金活用も考えられる。

C.　使用例および注意事項

　A. ①〜④での実際の使用例として工程の見える化と最適な作業指示方法を紹介する。背景や問題、結果等は第 4 章 4 節で事例を説明する。

　図表 3 −21で示すのが実際に設置したデバイスの構成写真である。

　写真に付けている番号の製品名は、

❶リミットスイッチ：Hailege ME-8108瞬時 AC リミットスイッチローラーレバーCNC ミルレーザープラズマ（税込 1 個当たり633円　3 個セット）

❷ IoT デバイス：M 5 StickC plus（税込3,542円）リミットスイッチとの持続は

別途 hy2.0-4p コネクタで接続（税込み 1 個当たり約87円 10個セット）した。

❸モバイルバッテリー：バッテリー駆動により、2 日間（48時間）の連続稼働を行った。消費電力量を考慮し、余裕を見て20,000mAh のモバイルバッテリーを使用した。必要な連続稼働時間に併せて容量選定するのが良い。

※ IoT デバイスの稼働時の最大電流値に対応したものを使用する。

❹USBload 2　モバイルバッテリースリープ防止用 USB モジュール【USBLOAD 2 】（マルツオンライン税込1,500円）、選定したモバイルバッテリーは、消費電流値が小さな状況が一定時間継続するとスリープ状態となり、IoT デバイスへの電流供給が停止してしまうものであった。それを防止するため、本モジュールを利用した。

❺保護カバー（ダイソーにて調達）

である。1 セット約 1 万円で通過検知が必要となる工程の前後に設置（本工場では 5 セット）することで通過時間とカウントデータを取得した。

※値段については Amazon、マルツモバイル23年 4 月 9 日時点の情報である。

工場にインターネットが繋がる環境がなかったため図表 3 −22に示すように Wi-Fi ルータを持ち込んで設置を行った。

本ハードウェアに対し、図表 3 −23に示すようにプログラムを組むことで IoT デバイスがリミットスイッチから情報を取り、Wi-Fi に繋ぎ、Google スプレッドシートに送る情報の設定を行う。これにより A. ①と②が完成する。

IoT デバイスから送られたデータを Google スプレッドシートに蓄積するために、図表 3 −24に示すようにスプレッドシートの拡張機能から GAS の設定を行

図表 3 −21　IoT 構成写真

出典：著者撮影

図表 3 −22　Wi-Fi ルータ（赤枠）設置状況

出典：著者撮影

図表 3 −23　Arduino IDE

出典：著者作成

う。GAS のプログラムの記述により、送られたデータをどのシートの何行目の何列目に蓄積していくかを設定している。

　設定が完了すると図表 3 −25に示すような画面でデータが蓄積される。これは、物体がリミットスイッチ上を通過するとスイッチが ON となるが、スイッチが ON となった場合に、対象のデバイス No と通過の検知回数に加え、その時

図表 3 −24　GAS（GoogleAppsScript）

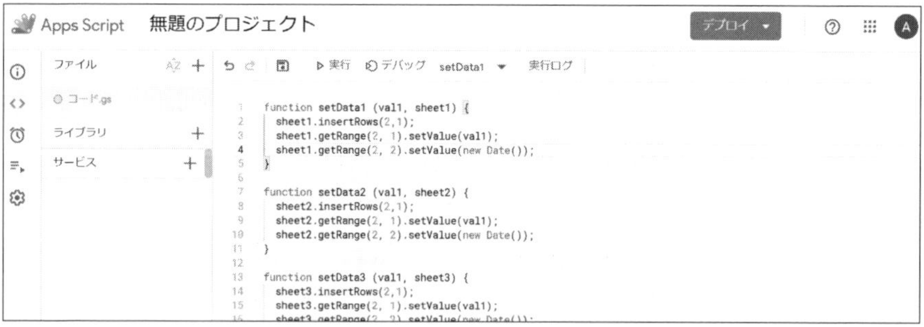

```
function setData1 (val1, sheet1) {
  sheet1.insertRows(2,1);
  sheet1.getRange(2, 1).setValue(val1);
  sheet1.getRange(2, 2).setValue(new Date());
}

function setData2 (val1, sheet2) {
  sheet2.insertRows(2,1);
  sheet2.getRange(2, 1).setValue(val1);
  sheet2.getRange(2, 2).setValue(new Date());
}

function setData3 (val1, sheet3) {
  sheet3.insertRows(2,1);
  sheet3.getRange(2, 1).setValue(val1);
  sheet3.getRange(2, 2).setValue(new Date());
}
```

出典：著者作成

図表 3 −25　Google スプレッドシートのデータ蓄積

	A	B	C	D
1	デバイスNO＋カウント	時刻		
2	228	2022/09/21 10:04:08		
3	227	2022/09/21 10:02:59		
4	226	2022/09/21 9:57:33		
5	225	2022/09/21 9:54:09		
6	224	2022/09/21 9:48:10		
7	223	2022/09/21 9:47:28		
8	222	2022/09/21 9:42:38		
9	221	2022/09/21 9:40:21		
10	220	2022/09/21 9:38:12		
11	219	2022/09/21 9:32:08		
12	218	2022/09/21 9:25:47		

出典：著者作成

の通過日時が Google スプレッドシートに送られる。そして、Google スプレッドシート側でデータを受け取ると新たに行が 1 行追加され、受け取ったデータをセルに追加する。受領済みのデータは 1 行ずつ下方向にずれていく。本事例では、IoT デバイスとリミットスイッチの組み合わせを 5 セット使用した。 1 セットに対し、 1 つのスプレッドシートを割り当て、セットごとに通過検知の履歴データを蓄積している。図表 3 −25の 2 行目は 2 番目のデバイスが28回目に反応した時刻が2022年 9 月21日 10時 4 分 8 秒であることを示している。

　デバイスごとに用意した 5 つのスプレッドーシートの履歴データに対し、VLOOKUP や IF 等の関数を使用して別のシート上で、各工程の開始時刻と終了時刻の集計を行った。集計結果を図表 3 −26に示す。

図表 3 −26　データの集計

順番	脱型工程 デバイス1 開始	デバイス2 終了	色判別	清掃・組立工程 デバイス2 開始	デバイス3 終了	色判別	打設工程 デバイス3 開始	デバイス4 終了	色判別	小手均し デバイス4 開始	デバイス5 終了	色判別
25	9:49:36	10:43:50	終了	10:43:50	10:45:09	終了	10:45:09	11:03:39	終了	11:03:39	11:14:24	終了
26	10:01:48	10:49:07	終了	10:49:07	10:47:26	終了	10:47:26	11:10:37	終了	11:10:37	11:22:02	終了
27	10:18:46	11:14:54	終了	11:14:54	11:15:07	終了	11:15:07	11:21:41	終了	11:21:41	11:32:13	終了
28	10:47:37	11:16:07	終了	11:16:07	11:17:11	終了	11:17:11	11:28:00	終了	11:28:00	11:39:21	終了
29	11:02:19	11:20:22	終了	11:20:22	11:21:28	終了	11:21:28	11:33:58	終了	11:33:58	11:47:53	終了
30	11:14:16	11:33:19	終了	11:33:19	11:27:47	終了	11:27:47	11:36:27	終了	11:36:27	11:56:48	終了
31	11:20:23	11:44:08	終了	11:44:08	11:28:25	終了	11:28:25	11:47:17	終了	11:47:17	12:03:26	終了
32	11:33:16	11:56:01	終了	11:56:01	11:58:36	終了	11:58:36	13:11:06	終了	13:11:06	13:25:58	終了
33	11:44:15	13:02:54	終了	13:02:54	12:00:56	終了	12:00:56	13:21:41	終了	13:21:41	13:36:51	終了
34	11:55:58	13:11:18	終了	13:11:18	13:02:03	終了	13:02:03	13:41:34	終了	13:41:34	13:57:14	終了
35	12:04:19	13:11:41	終了	13:11:41	13:24:56	終了	13:24:56	13:58:06	終了	13:58:06	14:08:08	終了
36	13:03:31	13:12:37	終了	13:12:37	13:42:29	終了	13:42:29	14:12:18	終了	14:12:18	14:24:59	終了
37	13:13:10	13:23:20	終了	13:23:20	13:50:38	終了	13:50:38	14:19:18	終了	14:19:18	14:35:17	終了
38	13:25:50	13:25:16	終了	13:25:16	14:03:09	終了	14:03:09	14:25:43	終了	14:25:43	14:44:13	終了
39	13:39:09	13:36:22	終了	13:36:22	14:12:04	終了	14:12:04	14:38:41	終了	14:38:41	14:52:23	終了

出典：著者作成

図表 3 −27　進捗管理モニター画面

出典：著者作成

　さらに、製品ごとに各工程の目標時間の設定を行い、各工程の開始時刻と現在時刻の差を各工程の経過時間とし、目標時間に対する経過時間の割合に応じて、青色・黄色・赤色と 3 色のステータスを表示するシートを作成した。そのシートを図表 3 −27に示す。経過時間と目標時間の比較結果にもとづき、セルの条件付き書式を変更することで、セルの表示色を変更することができる。

　図表 3 −27のシートを進捗管理モニターとして、タブレットに表示し、現場に配置した。尚、現場の作業者に、自分の工程に余裕がある場合には、赤色表示された工程の応援を行うというルールを設けることで、作業者が自律的に工程バランスをとる狙いである。これにより A.③が完成する。

図表 3 −28　Google の Looker Studio 例（本図は実測時間でない）

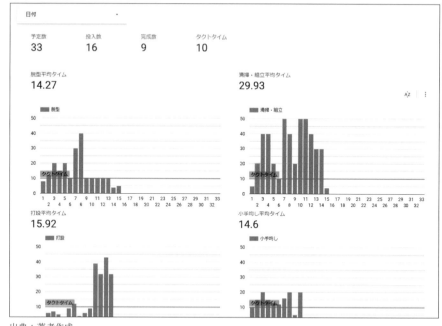

出典：著者作成

　以上は現場の作業者向けの工程進捗の見える化の仕掛けであるが、このような進捗管理モニター画面は、経営者、工場長、営業部門にとっては、重要な情報ではない。ここからさらに、経営者、工場長、営業部門に対して、有益な形でデータ可視化が必要となる。

　その為に役立つのが BI ツールである。ここでは、Google の Looker Studio によるダッシュボード作成例について説明を行う。ダッシュボードの作成例を図表 3 −28で示す、経営層や営業向けの必要情報としては、例えば、本日の予定数量に対する、現在の投入量、現在までの完成数、目標タクトタイム（計画値）である。本作成例では、4 つの指標の現在の実績を数値で表示するとともに、工程ごとの実績タクトタイムを棒グラフで表示してある。33個の生産予定に対し、1 個目から35個目までの実績サイクルタイムが順番に表示されるグラフである。また、計画した時間から遅れているかどうか一目で分かるようにタクトタイムの時間に赤い線を引いている。

　工場の現場では、経営層や営業担当が特急品の製作状況の確認のため、１日に何度も現場を見に行ったり、現場に問い合わせを行うようなことが日常的に発生するケースも珍しくない。経営層や営業担当と本ダッシュボードを共有しておけば、ダッシュボードを参照することで、わざわざ現場に問い合わせしなくとも、現在の進捗状況を把握することができる。これにより A. ④が完成する。

（2）画像処理

　以前より、製造現場にも、監視カメラが設置されていたり、デジタルカメラの画像を品質記録や状態の記録で利用したりするなど、画像や映像を取り扱う機会も多かったのではないだろうか。

　画像（静止画及び音声を含まない動画）や映像データ（音声を含む動画）はいずれもデジタルの画像データとして取り扱うことができる。（動画は、一定の時間間隔で連続するデジタル画像の集まりである。）デジタル画像は、ピクセルと呼ばれる小さなドットの集まりで構成されており、ピクセルには色情報が含まれている。画像処理とは、デジタル画像をコンピュータで扱い、その情報を解析して加工や修正を行う技術である。画像処理技術を活用することで画像データは、今よりもより多くの場面で活用してくことが可能である。

　この画像処理を行うには、デジタル画像を読み込んで、様々な処理を行うソフトウェアが必要となる。アプリケーションのソフトウェアとしては、商用では Adobe の Photoshop、フリーウェアでは GIMP（GNU Image Manipulation Program）などが有名である。ライブラリとしても提供されており、プログラムから利用することも可能である。また、オープンソースの画像処理ライブラリも利用が可能である。オープンソースとしては、OpenCV が幅広く利用されている。

　OpenCV（Open Source Computer Vision Library）は2000年に Intel で開発され、2011年にオープンソース化された。以降、バージョンアップを続け、現在は4.x 系が最新バージョンとなっている。OpenCV は、画像・動画処理に必要な機能が豊富に用意されており、C++、Python、Java などの言語で利用することができる。また、画像処理や機械学習のアルゴリズムや手法が実装されているため、コンピュータビジョンの分野において画像や動画の処理、解析、認識など

広く利用されている。

A. 画像の読み込み・書き込み

OpenCV は、様々な画像フォーマット（JPEG、PNG、BMP、GIF など）をサポートしており、画像の読み込みや書き込みが可能である。

B. 色空間の変換

OpenCV は、RGB、HSV、Lab などの色空間を相互変換することができる。これにより、画像の色調補正や色相変換を行うことができる。

C. 画像のフィルタリング

OpenCV は、平滑化フィルタやシャープ化フィルタなどの画像フィルタリングを行うことができる。これにより、画像のノイズ除去やエッジ検出を行うことができる。

D. 特徴検出と特徴量抽出

OpenCV は、SIFT、SURF、ORB などのアルゴリズムを用いて、画像の特徴量を抽出することができる。これにより、画像のマッチングやオブジェクト検出を行うことができる。

E. 画像の変形

OpenCV は、画像の回転、拡大・縮小、トリミングなどの画像変形を行うことができる。これにより、画像のサイズ変更や歪み補正を行うことができる。

F. 機械学習

OpenCV は、機械学習に必要な機能も提供しており、物体検出や画像分類などのタスクに利用することができる。

OpenCV を使用することで、画像処理やコンピュータビジョンのアプリケーションを容易に開発することができる。具体的な作成方法は、OpenCV を取り扱う多くの専門書を参照願いたい。

　ここで述べたいことは、製造現場において、監視カメラやデジタルカメラ、スマートフォンのカメラ機能を使用する場面が増えていくなか、それらの画像や映像はデジタルデータとして取り扱うことで、画像処理を行い、有益なデジタルデータを抽出したり・変換したりすることが可能となる。そして、リアルタイムな情報として利活用ができるということである。

　従来の監視カメラは、映像を集中的に取り扱うことで、少ない人員で多拠点の監視を行ったり、何らかのトラブルが発生した後に、原因究明を行うために画像や映像記録として残したりするような用途であった。ところが、リアルタイムなデジタルデータとして、扱えるということは、人手に頼らずとも、状態変化を自動で検出し、アラーム通知や制御へつなげられるということである。例えば、監視カメラの映像から、製品や設備の異常を自動で検出し、異常報告を管理者へ自動通知したり、製造ラインを自動で停止させたりするなどの処理が可能であるということである。

　また、画像処理は、画像認識 AI のカスタムモデルの作成時や、カスタム AI による画像認識プログラムの実行の際の前処理でも利用される。

（3）AI（人工知能）

　AI（人工知能）は、人間の知能を模倣し、コンピュータが自動的に学習や推論を行う技術である。AI の歴史は古く、1950年代にアラン・チューリングが「チューリングテスト」を提案し、1956年のダートマス会議で AI 研究が始まった。1960年代から1970年代にかけて、ルールベースのアプローチや知識表現に基づく研究が行われた。1980年代には、専門知識を持つエキスパートシステムが登場するなど、広く研究された。1990年代になると、機械学習が台頭し、統計的手法やデータ駆動型アプローチが主流になった。その後、2000年代から2010年代にかけてディープラーニングが登場し、AI 技術が大幅に進化するとともに、さまざまな分野で産業応用が進められている。

　中小製造業においても、AI は生産性向上やコスト削減、品質管理などへの応用が進んでいる。

　まずは、AI について解説を行う。AI（人工知能）は、その機能や適用範囲によっていくつかのカテゴリに分類することができる。図表 3 −29に AI のタイプ

と技術による2種類の分類を示す。AIは人間の知識やスキルを模倣していることから、その度合いにより、強いAIと弱いAIに分類される。強いAIは人間の知能全般を模倣し、あらゆるタスクや問題解決能力を目指すものである。弱いAIは特定のタスクや問題領域に特化して機能するAIで現在、応用が進むのは弱いAIである。

　著者は数多くの企業にデジタル技術の導入支援を行っているが、AIというと、強いAIをイメージされる方も非常に多い。AIに対する過剰な期待には注意したい。次に、技術による、分類を示している。AIは広い概念で、AIの中に機械学習が含まれている。また、機械学習の中にディープラーニングが含まれるという包含関係にある。機械学習やディープラーニングは、主に、「知識表現と推論」、「自然言語処理」、「コンピュータビジョン」、「ロボティクス」などの技術分野で応用が進んでいる。それぞれの、具体的な解説は参考文献を参照いただきたい。

＜注釈＞

　この概念は、哲学者ジョン・サール（John Searle）が1980年に提案した「チャイニーズルーム（Chinese Room）」の思考実験に関連して広まった。この思考実験は、AIが人間のような意識や理解を持っているかどうかを考察するもので、はじめて、強いAIと弱いAIという言葉が使われるようになった。

　本書では、AIの産業応用に着目している。図表13−30に企業全般のAIの応用分野を図表13−31に中小製造業におけるAIの応用分野の一覧を示す。

　今はAIの汎用化が進み、中小製造業者でも、その気になれば、自前でカスタムAIを開発することができる。中小製造業でカスタムAIを開発するためには、以下のようなことが必要となる。

A. 問題設定の明確化

　中小製造業者においても、ビジネス目的や課題を明確にし、その解決に向けて機械学習を活用するための問題設定が必要である。どのような問題を解決したいのかを明確にし、その問題を機械学習で解決するための方針を決定することが重要である。

図表 3 － 29　AI の分類

1．AI のタイプ	
強い AI （Strong AI）	人間の知性と同等の知識や理解力を持つ AI
	強い AI（一般人工知能）は、人間の知能全般を模倣し、あらゆるタスクや問題解決能力を持つことを目指した AI である。今は、AI に対する過度な期待感から、AI と言えば、強い AI をイメージする人も多いが、この強い AI の実現は現在の技術や理解では難しい。
弱い AI （Weak AI）	特定のタスクに特化した知識や機能を持つ AI
	弱い AI（特化型人工知能）は、特定のタスクや問題領域に特化して機能する AI で、現在広く実用化されている AI 技術がこのカテゴリに属している。

2．AI 技術	
機械学習 （Machine Learning）	データからパターンや構造を見つけ出し、予測や分類を行うためのアルゴリズムやモデルを開発する分野
	1．教師あり学習
	適用分野：分類（Classification）と回帰（Regression）
	2．教師なし学習
	適用分野：クラスタリング（Clustering）と次元削減（Dimensionality Reduction）
	3．強化学習
	適用分野：ゲームやロボティクス、自動運転、自動制御システムなど
ディープ ラーニング （Deep Learning）	機械学習の一部門であり、ディープニューラルネットワーク（Deep Neural Networks, DNN）と呼ばれる多層の人工ニューラルネットワークを用いて、より複雑で抽象的な表現を学習する技術
	1．畳み込みニューラルネットワーク（CNN）
	適用分野：画像認識やコンピュータビジョン
	2．リカレントニューラルネットワーク（RNN）
	適用分野：自然言語処理や音声認識、時系列予測
	3．生成敵対ネットワーク（GAN）
	適用分野：画像生成や画像変換、超解像
知識表現と 推論	人間の専門家が持っている知識をコンピュータが理解できる形式で表現し、その知識を活用して推論（Inference）を行うことができるようにすること
自然言語処理	人間が使用する自然言語をコンピュータが理解、解析、生成するための技術分野
コンピュータ ビジョン	コンピュータが画像や動画から情報を抽出・解析し、人間のように視覚的な理解を行うための技術分野
ロボティクス	ロボティクスは、ロボットの設計、構築、および操作に関する科学技術分野であるが、AI や機械学習技術がロボティクス分野と統合されることで、より高度な機能や自律性を持ったロボットの開発が進んでいる

出典：著者作成

図表3-30　AIの応用分野（全般）

No.	項目	説明
1	画像認識・分類	コンピュータビジョン技術を利用して、画像の中の物体を認識・分類することができる。例えば、顔認識、手書き文字認識、病気の診断などが挙げられる。
2	自然言語処理	人間の言葉を理解し、生成することができる。例えば、チャットボット、機械翻訳、文章の要約、感情分析などが挙げられる。
3	音声認識・生成	音声をテキストに変換したり、テキストを音声に変換したりできる。例えば、スマートフォンの音声アシスタントや、音声合成技術が挙げられる。
4	推薦システム	ユーザーの好みや行動履歴に基づいて、関連性の高い商品やコンテンツを提案する。オンラインショッピングサイトや動画ストリーミングサービスで利用されている。
5	ゲーム	AIはゲームの対戦相手としても利用されており、囲碁や将棋、チェスなどのゲームでプロに匹敵する高いパフォーマンスを発揮している。
6	ロボティクス	自動運転車、ドローン、家庭用ロボットなど、物理的な環境でタスクを実行する能力を持っている。
7	予測分析	データを元に未来のトレンドやイベントを予測することができる。例えば、株価の予測や天気予報、需要予測などが挙げられる。
8	知識抽出・検索	大量の情報から関連性の高い情報を抽出し、ユーザーに提供することができる。例として、ウェブ検索エンジンや文献解析が挙げられる。
9	最適化	複雑な問題を効率的に解決する方法を見つけることができる。例として、遺伝的アルゴリズム（GA）や輸送ルート最適化などが挙げられる。
10	不正検出	不正行為や異常なパターンを検出する。例えば、クレジットカード詐欺の検出、不正アクセス検出、産業用機器の異常検出などが挙げられる。

出典：著者作成

B. データの収集と整理

　データは機械学習において非常に重要な要素である。中小製造業者では、必要なデータを収集するためのリソースや専門的な知識が限られている場合があるため、外部からデータを調達する必要があるかもしれない。また、収集したデータを整理し、機械学習に適した形式に変換することも必要である。

C. 機械学習のモデルの開発と学習

　中小製造業者においても、最適な機械学習のモデルを選択し、学習させるためのアルゴリズムや技術を選定することが重要である。また、学習データを使ってモデルを学習させるために、必要なリソースや時間を確保する必要がある。

図表 3 － 31　AI の応用分野（中小製造業）

No.	項目	説明
1	生産プロセスの最適化	AI は生産プロセスの効率化や最適化に役立つ。機械学習アルゴリズムを使用して、生産ラインのデータを分析し、ボトルネックや無駄を特定できる。
2	品質管理	AI は製品の品質管理や検査を自動化するのに役立つ。コンピュータビジョン技術を使用して、製品の不良品や欠陥を検出することができる。
3	予測保守と故障診断	AI は設備の保守や故障診断を効果的に行うことができる。機械学習アルゴリズムを用いて、センサーデータや履歴データから故障の兆候を検出し、事前にメンテナンスを行うことができる。
4	在庫管理と需要予測	AI は在庫管理や需要予測をより正確に行うのに役立つ。機械学習アルゴリズムを使用して、過去のデータや市場トレンドから需要を予測し、適切な在庫量を維持することができる。
5	人材管理	AI は人材管理や労働力の最適化に役立つ。機械学習アルゴリズムを使用して、従業員のスキルや能力を評価し、適切な業務割り当てや労働力のバランスを図ることができる。
6	エネルギー管理	AI はエネルギー消費の最適化に役立つ。機械学習アルゴリズムを使用して、生産プロセスでのエネルギー消費を監視し、無駄な消費を削減することができる。
7	製品設計	AI は個別化された製品設計や最適化に役立つ。機械学習アルゴリズムやディープラーニング技術を使用して、顧客のニーズや嗜好に応じた製品設計を迅速に行うことができる。
8	サプライチェーン管理	AI はサプライチェーン管理の効率化や最適化に貢献する。機械学習アルゴリズムを使用して、サプライチェーンのリスクやコストを評価し、適切なサプライヤーや物流ルートを選択することができる。
9	市場調査と競合分析	AI は市場調査や競合分析を効果的に行うのに役立つ。機械学習アルゴリズムを使用して、市場データや競合情報を分析し、新たなビジネスチャンスや競争上の優位性を見つけることができる。
10	顧客サポート	AI は顧客サポートやアフターサービスを効率化するのに役立つ。チャットボットや自然言語処理技術を使用して、顧客の問い合わせに迅速かつ正確に対応することができる。

出典：著者作成

D.　モデルの評価と改善

　モデルの評価を行い、必要に応じて改善を行うことが重要である。評価指標を選定し、その指標を基に、モデルの性能を改善するための調整を行うことが必要である。

E.　モデルのデプロイメント

　モデルのデプロイメントとは、開発したカスタム AI モデルを実際に利用可能

な形式に変換し、運用環境に展開することを指す。AI モデルをサーバーやクラウド上にデプロイすることで、ユーザーが AI モデルを利用できるようになる。デプロイメントの際には、モデルの精度やリソース使用量、デプロイメントのスピードや安全性、ユーザーからのフィードバックの収集方法などを考慮する必要がある。

これらの工程において、中小企業が必要とするリソースやスキルは、外部の専門家やパートナー企業との協力が必要となる場合が多い。データ収集に関しても、必要なデータを取得するためのスキルやリソースがない場合、外部の専門家に依頼することができる。

さらに、中小企業においては、開発の過程や成果を社内で共有し、社員の教育や育成にも力を入れることが重要である。社員が機械学習に関する知識や技術を習得し、AI を活用することができるようになれば、企業全体でより効率的な業務の実現が可能となる。

また、中小企業におけるカスタム AI 開発の成功には、長期的なビジョンと戦略が不可欠である。単発的なプロジェクトではなく、将来的な事業展開や組織の成長に貢献することを見据えたカスタム AI の開発が必要である。

次に、カスタム AI を作成するためのさまざまな開発ツールについて解説する。開発ツールの選択は、カスタム AI 開発の目的や要件、開発者の技能や能力のセット、予算、ハードウェアの制限などに基づいて行われる必要がある。ここでは、代表的な開発ツールについて紹介する。

中小企業がカスタム AI を開発するためには、さまざまな開発ツールが存在している。開発ツールの選択は、プロジェクトの目的や要件、開発者のスキルセット、予算、ハードウェアの制限などに基づいて行われる必要があります。ここでは、代表的な開発ツールについて紹介する。

A. TensorFlow

Google が開発したオープンソースの機械学習フレームワークであり、Python や C++ などで利用可能である。高度な機能を備えており、画像認識、音声認識、自然言語処理、強化学習など、さまざまな機械学習タスクに対応している。

B．PyTorch

　Facebook が開発したオープンソースの機械学習フレームワークであり、Python で利用可能である。TensorFlow と同様に、画像認識、自然言語処理、音声認識など、多くの機械学習タスクに対応している。PyTorch は TensorFlow に比べてシンプルで使いやすく、開発速度が速いという特徴がある。

　コンピュータビジョンの分野で広く使用されているオブジェクト検出アルゴリズムの中で You Only Look Once（YOLO）と呼ばれるオブジェクト検出アルゴリズムが有名である。その最新のライブラリが YOLOv 5 である。YOLOv 5 は、PyTorch をベースに構築されており、PyTorch のライブラリを使用してモデルのトレーニングや推論を行うことができる。YOLOv 5 は、高速で正確なオブジェクト検出が必要な様々なアプリケーションに利用されている。

C．Keras

　Python で利用可能なオープンソースのニューラルネットワークライブラリであり、TensorFlow の API を使っているため、TensorFlow と同じ機能が利用できる。Keras は簡単なインターフェースを提供しており、初心者にも使いやすいという特徴がある。

D．OpenCV

　画像処理やコンピュータビジョンの開発に使用されるオープンソースのライブラリであり、C++、Python、Java、MATLAB などで利用可能である。顔認識や物体検出、画像処理、ビデオ解析など、さまざまなタスクに利用できる。

E．Scikit-learn

　Python で利用可能なオープンソースの機械学習ライブラリであり、教師あり学習、教師なし学習、クラスタリング、次元削減、モデル評価などのタスクに対応している。Scikit-learn は、機械学習の初心者でも使いやすく、簡単な機械学習タスクから高度なタスクまで幅広く利用できる。

F．Jupyter Notebook

Jupyter Notebook は、Python や R などのプログラミング言語を使って、コー

ドや解析結果をインタラクティブに表示する Web アプリケーション。AI 開発において は、データの前処理や可視化、モデルの開発や評価などに利用される。リアルタイムでのデバッグやエラーの確認、コードの履歴の確認、共有も可能。AI 開発のあらゆる段階で役立つツールである。

G. Google Colaboratory

Google Colaboratory は、Google が提供する無料のクラウドベースの Jupyter Notebook 環境で、Python プログラムの作成や実行、機械学習モデルの開発や評価、データ分析などが可能。高い処理能力やストレージ容量を持つサーバーでの実行ができ、Google Drive との連携も容易である。機械学習フレームワークやライブラリを事前にインストール済みで、Google の他のクラウドサービスとも連携している。初心者からエキスパートまで幅広く利用されるツールの一つである。

H. Microsoft Azure ML

クラウドベースの機械学習プラットフォームで、自動機械学習機能、開発環境、データ処理、ストレージ、API 提供などが可能。Python、R など多様なプログラミング言語に対応し、TensorFlow、PyTorch、Keras、Scikit-Learn などのフレームワークとも連携可能。企業や個人の開発者、データサイエンティストにとって、効率的な機械学習開発を可能にするプラットフォームとなっている。

I. Google Cloud AutoML

Google Cloud AutoML は、Google が提供する機械学習自動化プラットフォームで、ビジネスユーザーが簡単に機械学習モデルを構築、トレーニング、デプロイできる。画像、音声、自然言語などの分野にも対応し、AutoML Vision、AutoML Video Intelligence、AutoML Natural Language などの製品がある。Google Cloud Storage、Google Cloud Functions、Google Cloud Pub/Sub などを利用して、データ処理やストレージ、API 提供が簡単に行える。中小企業やビジネスユーザーにとって、効率的な機械学習開発が可能である。

図表 3 −32　開発環境一覧

No.	名称	開発元	主な用途	言語	無償 / 有償
1	TensorFlow	Google	ディープラーニング、機械学習	Python, C++, Java, Go, Swift, JS	無償
2	PyTorch	Facebook	ディープラーニング、機械学習	Python, C++, Java, Lua, Swift, JS	無償
3	Keras	TensorFlowチーム	ディープラーニング	Python	無償
4	Scikit-learn	オープンソースコミュニティ	機械学習（分類、回帰、クラスタリング、次元削減）	Python	無償
5	OpenCV	オープンソースコミュニティ	画像処理、動画処理、物体検出、顔認識、光学文字認識（OCR）	C/C++、Python、Java	無償
6	Jupyter Notebook	オープンソースコミュニティ	インタラクティブなコーディング、データ分析	Python, R, Julia, Scala, Ruby, Haskell, JS	無償
7	Google Colaboratory	Google	インタラクティブなコーディング、データ分析	Python, R	無償
8	Microsoft Azure ML	Microsoft	データ分析、機械学習、ディープラーニング	Python, R, C#, F#	有償
9	Google Cloud ML Engine	Google	データ分析、機械学習、ディープラーニング	Python, R	有償
10	Amazon SageMaker	Amazon Web Services	データ分析、機械学習、ディープラーニング	Python, R, Scala, Julia, others	有償

出典：著者作成

J.　Amazon SageMaker

AWS が提供する機械学習サービスで、モデルのトレーニングからデプロイメントまでの一連のプロセスをサポートする。中小企業でも簡単に機械学習モデルの開発やデプロイメントができるため、注目を集めている。

　これらのツールは、中小製造業者がカスタム AI の開発に利用できる可能性があるが、AI に特化した機能を持つものは限られており、事前に詳細な調査が必要である。また、中小企業が利用する場合には、自社の要件や予算に合わせて選

択することが重要となる。

　著者の場合、カスタム AI の作成は、PyTorch と YoloV 5 の組み合わせ、又は、Google Cloud AutoML を使用することが多い。また、カスタム AI を用いた制御プログラムは、Python 言語を用いて Jupyter Notebook で作成している。

　YoloV 5 によるカスタム Ai の場合は、Jupyter Notebook 上で、Pytorch のライブラリを読み込み、OpenCV などと組合せてプログラムを動作させている。Google Cloud AutoML の場合、Tensor flow と Keras を用いて、カスタム AI をプログラムから呼び出し、OpenCV との組合せで使用している。Sckit-lean は Deep Learning とは別に、機械学習を実装する際に利用している。

（4）RPA

A. RPA の概要

　読者の皆さんは、日々の業務の中で会計システムからデータを出力して、月次のグラフを作成したり、エクセル集計表のデータをコピー＆ペーストで生産管理システムに入力する作業を人手で対応したりしているケースもまだまだあるのではないか。

　現在は、パソコン上での複数のアプリケーション操作を自動化するツールができている。それは、まるで、人の操作をロボットが代行するようなもので、RPA と呼ばれている。

　RPA とは、「Robotic Process Automation」ロボティック・プロセス・オートメーションの略で、ソフトウェアのロボットが定型的なデスクワークを自動化する仕組みである。主なメリットとしては、業務効率化や人手不足解消が挙げられる。

　普通ロボットといえば、工場の中で車などを組み立てる場面などを想像するかたもいるかもしれないが、RPA は全く異なるものである。RPA でいうロボットとは、コンピュータの中でプログラムとして働くもので、物理的な作業のみならず、デスクワークの自動化に役立つのが特徴である。日ごろ人間がパソコンを使って作業している業務をルール化して、自動で行ってくれる。「RPA を導入するということは「デジタルレイバー」（コンピュータ上の仮想労働者）を雇うようなものだといえる。」（小林、2019）

　図表 3 -33に RPA 導入の前後のイメージを示す。

図表 3 −33　RPA 導入前後のイメージ

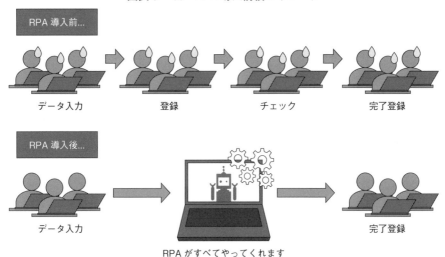

出典：Breeze グループ HP https://breezegroup.co.jp/　（最終回覧：2023年 4 月24日）

図表 3 −34　RPA の設置形態による分類

出典：http://dx.biztex.co.jp/it-column/rpa-beginner/ より引用（最終回覧：2023年 4 月 4 日）

　次に、RPA の設置形態による分類を図表 3 −34に示す。設置形態はサーバー
型、デスクトップ型、クラウド型の 3 種類があり、それぞれは次のような特徴
がある。

図表 3 −35　RPA の活用例

出典：http://dx.biztex.co.jp/it-column/rpa-beginner/ より引用（最終回覧：2023年 4 月 4 日）

　まず、サーバー型は、自社サーバー内に設置し、導入・運用する形態の RPA で、開発が必要なため、複雑なプログラミング知識を必要とする。セキュリティ面に強く、自由なカスタマイズ、連携ができるのが特徴である。

　次に、デスクトップ型は、パソコン端末にインストールし、導入・運用する形態の RPA で、従来は開発が必要なものが主流だったが、開発不要で誰でも簡単に扱える RPA もある。サーバー型と同じくセキュリティ面に強く、自由なカスタマイズ、連携することができる。

　最後に、クラウド型はインターネット上でサービスを利用する形態である。本形態が最も利用者が多く、使いやすい UI が特徴でネット環境があればどこでも、だれでも利用することができる。

　各形態の費用については使用環境によって価格は幅があるが、おおよそ次の通りである。

- クラウド型：月額数万円〜50万円程度
- デスクトップ型： 0 〜20万円程度
- サーバー型：100万円〜数千万円

　RPA は人間が PC で繰り返し行う作業を代行するものである。その活用例を図表 3 −35に示す。

B. DX 化における RPA の位置づけ

　RPA は業務プロセスの自動化を行うツールである。人間が繰り返し行う PC 操作を伴う作業を自動化し、生産性向上につなげるものとなる。したがって、RPA 導入そのものは DX 化ではなく、業務のデジタル化にとどまる。

　一方、RPA の導入に際し、従来の業務フローの抜本的な見直しへつなげていくことが重要である。まずは、活用例にあるような部分的な業務の自動化により業務負荷の低減を行い、次の活動を進めるための余力を生み出す。そして、その余力を活用し、自動化の範囲を業務フロー全体に広げていく。業務フローのシステム化は、従来の業務フローをそのままシステムに置き換えるのでは、うまく進まない。従来の業務フローは整理がされておらず、ケースバイケースの対応を要する特殊な対応がまだまだ残っている。まずは、業務の棚卸を行い、体系化、標準化を進めた上で、システム化を検討する流れとなる。

　この業務の抜本的な見直しが、競争優位につながる DX 化では最も重要である。それを実現する手段が RPA ということである。

C. RPA の使用例および注意事項

　RPA の導入事例は多数あるが、ここでは業務・部門・業界別にいくつ紹介する。

1．金融業界（銀行）：営業支援業務の自動化を実施。顧客データの収集・分析、契約書類の作成、顧客対応履歴の更新などを RPA で自動化し、営業効率を向上した。営業成果を20％増加させ、顧客満足度も向上。

2．小売業界（EC サイト）：注文処理の自動化を実施。注文受付、在庫確認、出荷手配、顧客へのメール通知などを RPA で自動化し、注文処理時間を70％短縮。正確な納期遵守と顧客満足度の向上を実現。

3．製造業界（自動車）：生産ラインの自動化を実施。部品の受け入れ検査、組み立て作業、検査・検品などを RPA で自動化し、人的エラーを95％削減。生産品質の向上と生産効率の改善を実現。

4．医療業界（病院）：予約受付の自動化を実施。患者情報の入力、診療予約のスケジュール調整、通知の送信などを RPA で自動化し、予約処理時間を80％削減。正確な予約管理と効率的な受付業務を実現。

5．人事業務（採用）：応募者選考の自動化を実施。履歴書のスクリーニング、

面接スケジュールの調整、応募者への連絡などをRPAで自動化し、応募者選考時間を50％短縮。選考プロセスの効率化と優秀な人材の採用を実現。

6．運輸業界（物流）：輸送管理の自動化を実施。輸送依頼の受付、輸送スケジュールの調整、運賃計算、輸送状況の追跡などをRPAで自動化し、輸送プロセスの効率化と正確な情報管理を実現。

7．サービス業界（顧客サポート）：サポートチケットの処理の自動化を実施。顧客からの問い合わせ受付、顧客情報の確認、適切な担当部署への割り当てなどをRPAで自動化し、応答時間を60％短縮。迅速な対応と顧客満足度の向上を実現。

8．教育業界（学校）：学生データ管理の自動化を実施。入学手続き、成績管理、出欠管理などをRPAで自動化し、データエラーを90％削減。正確な学生データ管理と教務業務の効率化を実現。

9．不動産業界（物件管理）：契約書管理の自動化を実施。契約書の収集・整理、期限管理、更新通知などをRPAで自動化し、契約書ミスを80％削減。正確な契約管理と業務効率の向上を実現。

　以上は一例だが、他にも様々な分野でRPAが活用されている。RPAの導入事例は多岐に渡るが、どんな課題や目的があるかによって適したRPAツールも異なる。

　実際に企業がRPAを活用した結果を図表3－36に挙げる。

　上記からも分かる通り、RPAを活用することで人間が従来行っていた繰り返し作業を70％以上も負担軽減することができる。

　展開にあたっては、試行したRPAを部署や組織全体に広げるだけのため、大掛かりなシステム投資は不要で、リソースの少ない中小企業にとって導入するメリットのある仕組みである。

図表3－36　RPAによる改善例

自動化した業務	自動化した成果
・業務進捗のレポート作成	・作業時間の約70％削減（330時間/年→100時間/年）
・応募者への応募受付メール送信 ・顧客企業への報告書作成	・作業時間の約77％削減（650時間/年→150時間/年） ・報告書作成の頻度が改善（3ヶ月→毎日）

出典：http://dx.biztex.co.jp/it-column/rpa-beginner/ より引用（最終回覧：2023年4月4日）

　RPA を進める意味については、現在働き方改革は時代の趨勢であり残業時間を減らして生産性を上げるといった相反することを両立する手助けとなることである。RPA を取り込んだ IT を利活用した業務改革の段階に進まないと生産性向上は達成することが困難である。今後の人口減少による人手不足の更なる深刻化を考慮すると、大企業と比較してリソースの少ない中小企業の RPA の活用を進める意義は大きいと言える。

　RPA ツールとはデータ入力や管理などのコンピュータ上の反復作業を自動化してくれるツールである。

　RPA ツールはさまざまな種類や特徴がある。市販されている RPA ツールの製品比較表を図表 3 −37に示す。ここでは全ての製品を取り上げることはできなかったが、製品デモや無償トライアルを活用し、自社にあったものを選択するのがよい。

　これらは一例だが、他にも多くの RPA ツールがある。最近では、無料で利用できる RPA ツールも登場している。ここでは、そのうちの一つを紹介する。Microsoft 社 は、2021年 3 月 よ り 無 料 で 利 用 で き る RPA ツ ー ル「Power Automate Desktop」を提供開始した。Windows11のユーザーであれば、デフォルトでインストールされており、追加費用なしでも利用することができる。プログラミングの専門知識がなくても様々な構築済み操作を利用してフロー作成が可

図表 3 −37　RPA ツール製品比較表

製品名	初期費用	月額料金	無料トライアル	プログラミング知識	OCR（文字起こし）
batton	要問合せ	148,000円〜/月		不要	―
WinActor	要問合せ	要問合せ	最長60日間	不要	連携可能
AUTORO	要問合せ	要問合せ	14日間	不要	―
UiPath	要問合せ	要問合せ		―	―
BizRobo!	要問合せ	要問合せ		―	○
Robo-Pat DX	0 円	要問合せ		不要	オプション
EzRobot	0 円	55,000円〜/月	1 か月間	不要	○
Blue Prism	要問合せ	要問合せ	最長30日間	―	―
RoboTANGO	105,000円〜	55,000円〜/月	○	不要	―
アシロボ	200,000円〜	50,000円〜/月	1 か月間	不要	○

出典：著者作成

能であり、ドラッグアンドドロップで自動化も容易である。

「Power Automate Desktop」で業務を自動化する手順について、簡単な実例に基づき説明する。Power Automate を利用するには、Microsoft アカウントでサインインする必要がある。尚、Power Automate を利用するうえで求められる動作環境は図表 3 −38 の通りである。Windows PC にあらかじめ、Power Automate Desktop をインストール頂きたい。

ここでは Windows PC で「テキストエディタを起動して、何らかの定型文字列をテキストエディタに入力する」という PC 操作を Power Automate Desktop で自動化してみる。自動化する PC 操作をフロー図で表すと図表 3 −39 のよう

図表 3 −38　動作環境

項目	推奨動作環境	必要動作環境
ストレージ	2 GB 以上	1 GB 以上
RAM（メモリ）	4 GB 以上	2 GB 以上
プロセッサ	2 つ以上のコアで1.60GHz 以上	2 つ以上のコアで1.00GHz 以上

出典：藤澤専之介・白瀬裕大『Power Automate 超入門』、SB クリエイティブ、2023年、P.22引用

図表 3 −39　Power Automate Desktop で自動化 する PC 操作のフロー

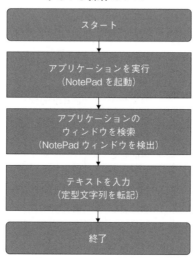

出典：著者作成

になる。

　Power Automate Desktop を使用して、NotePad を立ち上げてテキストを入力する具体的な手順を以下に記していく。

① Power Automate Desktop を起動して、新しいフローを作成する。画面左上の「新しいフロー」ボタンをクリックし、適切な名前を付ける。（ここでは、"NotePad 自動化"という名前を入力）起動後の画面を図表３−40に、「新しいフロー」作成後の画面を図表３−41に示す。

②アクションパネルから「アプリケーションの実行」アクションを探し、フローエディターにドラッグアンドドロップする。「アプリケーションの実行」選択後の画面を図表３−42に示す。

③「アプリケーションを実行」アクションのプロパティパネルで、以下の設定を行う。「アプリケーションの実行」の設定画面を図表３−43に示す。
　・アプリケーションファイルパス："C:\Windows\System32\notepad.exe"
　　　　　　　　　　　　　　　　　（NotePad の標準インストール場所）
　・ウィンドウスタイル：好みに応じて選択（正常、非表示、最小化、最大化）
　　ここでは正常を選択

図表３−40　Power Automate Desktop の起動画面

出典：著者作成

図表3－41 「新しいフロー」作成後の画面

出典：著者作成

図表3－42 「アプリケーションの実行」選択後の画面

出典：著者作成

④アクションパネルから「ウィンドウにフォーカスする」アクションを探し、フ
　ローエディターにドラッグアンドドロップする。

⑤「ウィンドウにフォーカスする」アクションのプロパティパネルで、以下の設
　定を行う。設置画面を図表3－44に示す。「ウィンドウにフォーカスする」と
　は、特定のウィンドウをアクティブ化してフォアグランドに表示するアク
　ションである。

図表 3 − 43　「アプリケーションの実行」の設定画面

出典：著者作成

図表 3 − 44　「ウィンドウにフォーカスする」の設定画面

出典：著者作成

・ウィンドウ名："無題−メモ帳"（NotePad のデフォルトウィンドウ名）

　UI 要素として、Windows の Notepad（メモ帳）の登録方法を、図表 3 − 45、図表 3 − 46に示す。

⑥アクションパネルから「ウィンドウ内のテキストフィールドに入力する」アクションを探し、フローエディターにドラッグアンドドロップする。

⑦「ウィンドウ内のテキストフィールドに入力する」アクションのプロパティパ

図表3－45 「ウィンドウの取得」の設定画面

①ウィンドウを選択　　　　　　　　　　　②新しい UI 要素の追加を選択

出典：著者作成

図表3－46 新しい UI 要素の追加手順

①あらかじめ起動しておいた
　NotePad（メモ帳）の画面を選択
　して、UI 要素として登録する。

②追跡セッション内に新しい UI 要素として
　「Windows '無題・メモ帳'」が追加される。

出典：著者作成

図表 3 − 47　「ウィンドウ内のテキストフィールドに入力する」の設定画面

出典：著者作成

図表 3 − 48　NotePad の状態

出典：著者作成

ネルで、以下の設定を行う。設定画面を図表 4 − 47 に示す。

・入力するテキスト：入力したいテキストを入力する。

　　例："Hello、Power Automate Desktop!"

・ウィンドウ名："無題 − メモ帳"（先程と同じウィンドウ名）

⑧すべてのアクションを設定したら、フローを保存して実行する。NotePad が立ち上がり、指定したテキストが入力される。フロー実行後、NotePad は図表 3 − 48 のような状態となる。

これで、Power Automate Desktop を使って NotePad を立ち上げてテキストを

図表3−49　RPAで避けたい業務

避けたい業務	理由
変更が多い画面での業務	画面の変更が起きるたびにRPAのフロー修正を行う必要がある
デザインが複雑な業務での画面	デザイン要素によっては対応できない
止めてはいけない業務	入力データのトラブルで止まる可能性がある
ルールが多い業務	ルール同士がバッティングして処理できなくなる
セキュリティが必要な業務	セキュリティ要件の整備に時間がかかるため
スマホを使う業務	画面サイズが機種によって異なり、対応しきれないなど
高い処理能力を必要とする業務	高度なマシンスペックが必要になる
業務フローが長い業務	一部で画面変更などが発生すると停止する
業務フローが変わりやすい業務	フローの変更にロボットが対応できない
例外処理が多い業務	RPAが例外処理に対応できない

出典：著者作成

入力するフローが作成できた。必要に応じ、保存やファイル名の変更などの追加アクションを設定することができる。

　最後に、RPAについての注意事項に触れておく。RPAはPC操作の自動化により業務フローの省力化を図るものである。業務改善においては、P（Plan：計画）D（Do：実行）C（Check：検証）A（Action：改善）のPDCAサイクルを回していく必要があるが、RPAはそのうち、D（実行）を受け持つものである。それ以外のP（Plan：計画）C（Check：検証）A（Action：改善）は人手で対応することとなる。

　D（Do：実行）においても、図表3−49の通り、RPAに適さない業務がある。

　RPAは万能ツールではなく、RPAによる業務効率化や省力化の適用範囲を拡大するには、RPAの特性に合わせて業務フローを見直すことも重要である。したがって、RPAを導入する際には、事前に業務分析や新しい業務フローの設計をしっかり行うとともに、運用や保守にも配慮する必要がある。

（5）RFID

A. 身近な RFID 技術

　RFID に馴染みのない方でも、Suica とユニクロの値札に使われている技術と聞くと身近に感じるだろう。Suica は電磁誘導方式、ユニクロの値札は電波方式の代表例である。ユニクロの全ての商品に UHF 帯のパッシブ RFID タグが付いている。値札を透かすと図表３−50のようなアンテナが見える。290円の低価格商品にもついており、自動精算に活用していることから全てと言ってよいだろう。商品の棚卸しや探索、在庫管理、商品の探索、購入商品の自動精算などに RFID が活用されている。

　本項では RFID の特性、動作の仕組み、注意点を述べ、RFID の DX 応用を検討するための情報を提供する。また、RFID タグには多くの種類があるが、本項では探索に適した UHF 帯のパッシブタグに焦点を当てる。

B. RFID 通信の仕組み

　RFID は電磁誘導または電波を利用して非接触でタグの IC チップを動作させ IC チップに格納された情報をやり取りする技術で、Radio Frequency IDentification の略である。ここでは、DX への活用事例の理解を助ける、あるいは活用を検討するために必要な大まかな基礎知識を提供する。RFID の詳細を知りたい場合は、一般社団法人　日本自動認識システム協会編集の「よくわかる

図表３−50　RFID タグ

アンテナが透けて見える

出典：著者撮影

RFID（改訂2版）」（オーム社）をお勧めする。

　RFID は自動認識技術の一種で JIS「自動認識及びデータ取得技術–用語[注3]」では「種々の変調方式と符号化方式とを使って RF タグの固有 ID を読取り、RF タグへ又は RF タグから通信するために，スペクトルの無線周波数部分内における電磁的結合又は誘導結合を利用すること。」（JIS X0500：2020.05.01.01）と定義されている。RFID 以外の自動認識技術には、バーコード・QR コード・磁気ストライプカード・IC カード・Beacon（ビーコン）などがある。

　RFID は1980年代から実用化されている技術[注4]である。世界的には2001年米国の911同時多発テロを機に、テロ対策として商品トレーサビリティを実現する技術として RFID が普及した。[注5] 日本では近年ユニクロが全面的に RFID タグを展開することにより、棚卸し・在庫管理・物流における物品管理の用途で、より身近な技術となった。

C．RFID の動作原理

　RFID 技術を実現するには、RFID タグとアンテナおよびリーダ・ライタが必要である。リーダ・ライタは電波を発信する機能と、その電波によって励起された RFID からの信号を受信する機能を持ち、アンテナと一体になって機能を果たす。ここで、磁界の変化に応じて起電力が生ずるファラデーの法則を思い出してほしい。電波は磁界を伴いながら伝達する電磁波であり、ファラデーの法則のように、磁界を伴った電波をアンテナが受信すると起電力が生ずる。

　その起電力により RFID の IC チップが動作し、メモリー内のデータを送信する。リーダ・ライタが近くから電波を照射すると強い信号が返ってくる。この信号強度の指標が RSSI（Received Signal Strength Indicator）である。探索の場合、RSSI が強いとリーダ・ライタと RFID の距離が近く、弱い場合は遠いと判断する[注6]。

注3） https://kikakurui.com/x0/X0500-2020-01.html　規格類ホームページ
注4） https://www.soumu.go.jp/main_sosiki/joho_tsusin/policyreports/chousa/yubikitasu_d/pdf/040330_1_02a.pdf　総務省　「電子タグの高度な利活用に向けた取り組み」
注5）「よくわかる RFID（改訂2版）」『オーム社』P 8
注6） https://www.jstage.jst.go.jp/article/oitactkiyou/47/0/47_KJ00006964682/_pdf/-char/ja　電磁界強度を用いた RF タグ位置推定技術の開発 大分工業高等専門学校紀要 第47号（平成22年11月）

　つまり、通信手段が電波の場合、次の一連のイベントが起こることによりタグとリーダ・ライタ間の通信が行われる。

　１．リーダ・ライタからアンテナを通して電波を送信する。

　２．電波により励起された RFID タグに起電力が生じ IC チップが動作する。

　３．IC チップはメモリー内のデータを送信波に載せ、RFID タグのアンテナから送信する。

　４．リーダ・ライタは RFID タグからの信号を受信する。

ハンディータイプのリーダ・ライタは通常アンテナと一体になっている。室内や工場内のような固定の場所に設置する場合は、一つのリーダ・ライタに複数のアンテナを繋ぐ形の装置となる。

D．RFID 活用のシステム

　前出（３）は、RFID タグとリーダ・ライタ間の通信、つまり末端で生じているアナログ信号処理系の概念説明であった。実際はさらにリーダ・ライタに指令を送る、あるいはリーダ・ライタから受け取ったデータを加工・処理するコントローラが必要である。

　リーダ・ライタの中にはコントローラ内蔵のハンディー端末もあるが、リーダ・ライタと別にアンドロイド端末（専用装置か汎用スマホ）をコントローラとするハンディー端末もある。

　物流などの一般的な現場ではハンディー端末を使用することが多い。その場合、在庫データや物品データのマスターを PC またはクラウドに置いてシステム構築を行うことになる。

　以上をまとめると、第４章の事例で使用した RFID 活用システムは RFID タグ、アンテナ内蔵リーダ・ライタ、Android 端末、および PC で構成される（図表３－51）。

E．RFID の周波数帯と特徴

　図表３－51にある「所定の周波数帯」について説明する。

図表 3 −51　典型的な RFID システム

所定の周波数帯
~135kHz、13.56MHz
または
433MHz、900MHz、
2.45GHz

Bluetooth

WiFi

RFIDタグ　　　　リーダー・ライタ　　　Android端末　　　PC

出典：著者作成

RFID 技術では、使用する周波数で二種類の方式がある。
・電磁誘導方式：135kHz 未満、13.56MHz などで、通信距離は最大70cm
・電波方式：UHF 帯（920MHz、2.45MHz)、パッシブの通信距離は 7 m 程度

電磁誘導方式と電波方式ではアンテナの形状や特性が大きく異なる。電磁誘導方式は、磁束で交信するためループコイルアンテナを使う。通信距離は短いがアンテナの指向性が弱いため広範囲に届き、雨や埃の影響を受けにくい特徴がある。一方、電波方式は電波で交信する。通信距離が長く、アンテナの指向性がある。UHF 帯は300MHz〜 3 GHz の範囲の電波で、携帯電話、無線 LAN、Bluetooth でも使用されている周波数帯である。電波干渉が起きないよう、RFID で使用する周波数帯は国ごとに決められている。日本で UHF 帯の RFID というと920MHz 帯が一般的である。

F．RFID タグの種類と特徴

　次に、図表 3 −50の「RFID タグ」について述べる。RFID タグは電池を持っているかどうかで大きく 2 つのタイプに分かれる。電池を持っているものをアクティブタグ、電池を持たず電波の励起電力で動作するものをパッシブタグという。アクティブタグは通信距離が長くとれるが電池交換が必要になる。一方、パッシブタグは電池交換が不要だが通信距離は 7 m 程度に限られる。電波を受けたときだけ電池から電気を供給される仕組みのセミアクティブタグもある。セミアクティブはパッシブタグより通信距離が長く、アクティブタグより電池の持ちがよいが、アクティブと同様電池交換が必要である。第 4 章の事例では、安

価で電池交換不要のパッシブタグを使用している。

　RFID タグの構成は、アンテナと IC チップが接続されたインレットを紙や PET フィルムなどで封止したものが一般的である。ちなみに、「図表 3 −50」の値札をよく見ると、値札の裏に付いているアンテナの形状が透けているのがわかる。

　RFID タグは、周波数・耐久性・取り付け対象・通信距離・メモリー量・電池有無などに応じた各種タグがある。実際にタグを選択する場合、現場の状況と対象の材質、さらに目的に応じて RFID タグを選択する。選択したタグを現場で実際に使用して問題点を洗い出す必要がある。

　RFID タグの内蔵メモリーには 4 種類の領域が定義されている。TID は、RFID タグメーカーが書き込む固有の ID 情報領域で、書き換えできない。メモリー領域は、TID 以外に EPC・USER・RESERVED という領域が定義されている。EPC は GS 1 で定義された RFID 用識別コードを格納する領域で、書き込み可能な領域である。一方、USER・RESERVED 領域は通常の安価なタグには無い。

　安価なタグでは、EPC 領域がユーザー自身の使用目的に応じて書き換ができるメモリー領域である。

RFID タグのメモリー領域の定義
・TID　　：製造元で書かれておりユーザーの書き換え不可の固有 ID。
・EPC　　：Electronic Product Code の略。
・USER：完全にユーザーが読み書き可能な領域。近年 FeRAM のメモリーで64k バイト[注7]の大容量メモリー[注8]を持つものも現れた。
・RESERVED：アクセス制御に使われる領域。

注 7 ）　https://www.fujitsu.com/jp/group/fsm/documents/products/find/26-2j-14.pdf　富士通ホームページ

注 8 ）　https://www.giho.mitsubishielectric.co.jp/giho/pdf/2010/1008156.pdf　三菱電機技報Vol.84・No.8・2010

図表3－52　自動認識技術の比較

	RFID	QR	Beacon
情報の書き換えができる	◎	×	◎
数メートルの距離でも読める	◎	×	◎
一度に複数読み取れる	◎	×	◎
箱に入っていても読める	◎	×	◎
汚れても読める	◎	×	◎
電池の取り替えが不要	◎	◎	×
確実に読める	○	◎	○
価格が安い	○	◎	×

出典：著者作成

G. RFIDの特性とメリット・デメリット

　RFID、QRコード、Beaconは自動認識を代表する技術である。それらの技術を比べることによりRFIDのメリットとデメリットを検討する（図表3－52）。ここでのRFIDは、UHF帯のパッシブ型を想定している。RFIDの良さは、数メートル距離が離れていても読める点、一度に複数読める点、電池の取り替えが不要な点が大きなメリットである。タグの種類と購買数量によるが、Beaconに比較すると価格は一桁以上安い。

H. 法的な手続き

　UHF帯のパッシブRFIDタグを使う場合、以下のように電波の出力によっては登録義務が生じ、毎年電波使用料の支払いが必要になる。

・250mW以下：「特定小電力無線局」ユーザーは登録不要
・250mWを超え1Wまで：「構内無線局」となり、ユーザーは登録が必要

　「構内無線局」の申請方法に関しては、最新の情報を総務省　関東総合通信局のホームページ「RFID（電波による個体識別）の申請」から入手する。

（6）生産管理システム

A. 生産管理システムの概要

①デジタル技術としての生産管理システム活用動向

　製造業においては就業者数の減少とともに高齢化が進んでおり、人材確保や熟

図表3－53 デジタル化の取組段階

段階	内容
段階4	デジタル化によるビジネスモデルの変革や競争力強化に取り組んでいる状態。 （例）システム上で蓄積したデータを活用して販路拡大、新商品開発を実践している
段階3	デジタル化による業務効率化やデータ分析に取り組んでいる状態。 （例）売上・顧客情報や在庫情報などをシステムで管理しながら、業務フローの見直しを行っている。
段階2	アナログな状況からデジタルツールを利用した業務環境に移行している状態。 （例）電子メールの利用や会計業務における電子処理など、業務でデジタルツールを利用している。
段階1	紙や口頭による業務が中心で、デジタル化が図られていない状態。

出典：中小企業白書・小規模企業白書（2022）

図表3－54 製造業における感染症流行前と現在におけるデジタル化の取組状況

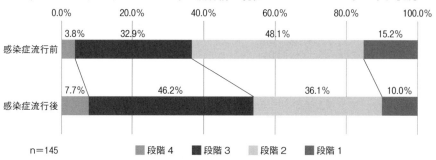

n=145　■段階4　■段階3　■段階2　■段階1

出典：中小企業白書・小規模企業白書（2022）より著者編集

練技術者の技術伝承が課題となっている。そのためデジタル化の取組が進められているが、図表3－53にデジタル化の取組段階、図表3－54に製造業における感染症流行前と現在におけるデジタル化の取組状況を示す。新型コロナウイルス感染症も契機となり中小製造業において、デジタル化の取組が加速していることが示されている。

　ここで製造業においてどのようなデジタル技術を導入し、どのようなことを期待しているのかを確認する。

　図表3－55は製造業でデジタル技術を活用している企業に対して活用しているデジタル技術について調査した結果を図表3－55に示す。活用しているデジタル技術の第一位はCAD/CAMであり、生産管理システムが第二位となっている。また図表3－56はデジタル技術を活用する狙いと活用後の効果について調

図表 3 －55　活用しているデジタル技術はどのようなものか（複数回答）

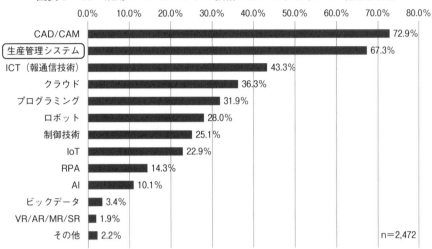

出典：ものづくり産業における DX に対応した技術活用と人材確保・育成に関する調査（2022）、独立行
　　　政法人　労働政策研究・研修機構

図表 3 －56　デジタル技術を活用する狙いと活用後の効果（複数回答、上位10項目）

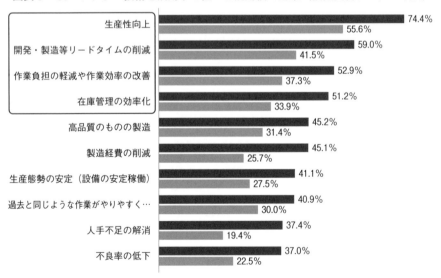

出典：ものづくり産業における DX に対応した技術活用と人材確保・育成に関する調査（2022）、独立行
　　　政法人　労働政策研究・研修機構より著者編集

査した結果である。デジタル技術を活用する狙いとして生産性向上、開発・製造等リードタイムの削減、在庫管理の効率化といった生産管理に関連する項目が上位にきていることがわかる。

　以上より、製造業を営む中小企業において感染症の流行を契機にデジタル化への取組が進展、活用されるデジタル技術として生産管理システムが上位にきており、当該生産管理システムを活用することで生産性向上や、開発・製造等リードタイムの削減、在庫管理の効率化が期待されていることがわかる。

②生産管理システムとは

　デジタル技術として生産管理システムの活用が進展していることを述べたが、生産管理システムとはどのようなものなのかについて述べる。

　生産管理（生産マネジメント）について「需要の３要素（品質・コスト・納期）を満足する製品・サービスを供給するために、生産の要素（人・設備・材料・情報）を合理的に運用することである。」（大場・藤川、2019年、P.18）と述べている。したがって生産管理システムとはデジタル技術を活用し、需要の３要素である品質（Q）、コスト（C）、納期（D）と生産の要素である人、設備、材料、情報を統合的かつ総合的に管理するシステムのことである。

　図表３−57に生産管理システムでできることを示す。生産管理システムの導入により受注から出荷までの一連の流れを「見える化」することが可能となり、「どのような工程、手順で作ればいいのか」、「製品を製造するのにいくらかかったのか」、「いつまでに何を幾つ作ればいいのか」といった情報を全社で共有できるようになる。その結果、製造リードタイムの短縮による納期遵守、また原価低減や在庫適正化の実現が可能となり収益、キャッシュフローの改善に寄与する効率的な生産管理の実現が期待できる。

　また生産管理システム中には図表３−57で示した機能に加えて、受注から出荷、請求、売上管理を行える販売管理機能、出荷管理機能、そして部品調達の購買管理機能まで備えたシステムも存在する。このような生産管理システムを導入すれば受注にはじまる業務の上流工程から出荷、売上、請求といった下流工程までの情報を一元管理可能となり、業務効率化による収益改善が期待できる。

　尚、生産管理システムにはパッケージシステムとスクラッチ開発によるシステムがある。パッケージシステムはベンダが業種ごとに必要とされる機能を標準機能として搭載した「既製品」のソフトウェアであり、ユーザーはパッケージソフ

図表3−57　生産管理システムでできること

項目	把握できること	QCDの観点で期待できること
納期	いつまでに用意すればよいのか いつまでに作ればよいのか	納期遵守率向上（D）
工程	どのような工程、手順で作ればいいのか、現在の進捗はどこまで進んでいるのか	製造リードタイム短縮（D）
原価	製造するためのコストはいくらかかるのか、また、いくらかかったのか	原価低減（C）
在庫	何を幾つ作ればいいのか、どの材料、部品が幾つあればいいのか	余剰在庫削減（C） 欠品防止（D） ⇒在庫適正化

出典：ERPNAVI by 大塚商会より著者編集

トを購入しパソコンやデータベース等を用いて使用する。昨今ではクラウド環境を使用するSaaSタイプのパッケージシステムも販売されている。

　一方でスクラッチ開発によるシステムはソフトウェア開発そのものをユーザーの要件に合わせてゼロから開発する「オーダーメイド品」である。それぞれの特徴については後述する。

B.　DXにおける生産管理システム導入の意義

　前述したように生産管理システムを導入することで効率的な生産管理の実現が可能となり、生産管理業務に携わる担当者の業務が効率化される。ここで業務効率化により人員削減を行うことが生産管理システム導入の目的ではない。

　経済産業省（2022）はDXとは「データやデジタル技術を使い顧客視点で新たな価値を創出していくために、ビジネスモデルや企業文化の変革に取り組むこと」（経済産業省、2022年、P.2）と示している。生産管理システムの導入により業務効率化を図ることで生まれた時間を活用し、担当者が経営戦略を達成するための業務改革や更なる業務効率化検討など、これまでの日常業務とは異なるより付加価値のある業務に従事可能とし、そのような意識を持った企業文化に変革していくことがDX推進の活動として、生産管理システムを導入する意義である。

　経済産業省、厚生労働者、文部科学省（2022）は「ものづくり白書」のなかで、デジタル技術の活用事例として高精度工業用センサーの開発から製造、販売までを一気通貫して行う企業である（株）メトロール（東京都）の事例を挙げている。当事例によると「同社はデジタル技術として生産管理システムの導入を行

い、適正な在庫管理、リードタイムの短縮、作業の効率化、製品の受注状況から製造過程における進捗状況の見える化を実現している。」（経済産業省 , 厚生労働省 , 文部科学省、2022年、P.88）と述べているこれは生産管理システム導入による直接的な効果であると考えられる。

　そして同社ではそれだけではなく「生産管理システムの活用で省力化により余剰となった社員の時間を「思考」や「対話」に代表されるような「人にしかできない」創造的な業務に充てることが可能となっている。このようなデジタル技術の活用が、更なる高付加価値製品の開発、製造、販売を行うための機運向上や企画立案の機会の確保に結びつき、好循環を実現している。」（経済産業省、厚生労働省、文部科学省、2022年、P.88）と示されている。これはまさに生産管理システムの導入による在庫削減やリードタイム短縮といった直接的な効果ではなく、新たな価値を創出するための企業文化の変革につながっている DX の事例である。

　以上のことからも DX 化を推進するため、デジタル技術の導入の１つとして、生産管理システムの導入は重要であると考えられる。

C.　生産管理システム導入における留意事項

　生産管理システムの導入に際する留意事項について述べるにあたり、まず生産管理システムとしてのパッケージシステムとスクラッチ開発の特徴を述べる。そして IT システム導入の失敗要因、IT システムのあるべき導入方法を述べたあと、まとめとして生産管理システム導入時の留意事項について述べる

①パッケージシステムとスクラッチ開発

　前述したように生産管理システムには基本的に標準機能を活用するパッケージシステムと、自社の業務・要望に合わせてシステム構築を行うスクラッチ開発があり、図表３－58に示すようにそれぞれ特徴がある。

　例えばパッケージシステムは各業界や業態に特化した機能が用意されており業務の標準化、最適化が図れ、導入後すぐに使用できる。また費用が安価、定期的な機能追加や、OS のバージョンアップへの対応が行われるといったメリットがある。一方で機能が標準化されているため、ある程度業務をパッケージシステムに合わせる必要があること、また完全に自社の業務に対応できない可能性がある

図表3－58　パッケージシステムとスクラッチ開発の特徴

	パッケージシステム	スクラッチ開発
機能	一般的に必要な機能が一通りそろっており、業務の標準化、最適化が図れる	自社の業務・要望に合わせた、柔軟なシステム構築ができる
運用	機能や画面が決まっているため、ある程度運用をシステムに合わせる必要がある	システム導入による業務への影響を最小限にできる
導入期間	開発期間がないため、早く使い始められる	システム完成まで時間がかかる
費用	導入費用が比較的安価	システム構築や機能追加、新OSへの対応などの費用が比較的高額
その他	・定期的な機能追加や、新しいOSなどへの対応が行われる ・ベンダーのサポート体制が整っていることが多い。	・機能追加や変更、新しいOSなどへの対応の都度費用がかかる ・システム開発会社内でも、特定の担当者しか質問や問題に対応できないことがある

出典：絶対に成功したい企業向け生産管理システム導入に必須の6STEPより著者編集
［株式会社テクノア、2022年12月ダウンロード］

デメリットがある。

　スクラッチ開発に関しては、自社の業務、要望に合わせてシステム開発を行うため、柔軟なシステム開発が可能で、現状の業務への影響が少なくできるメリットがある。一方でシステム完成に時間がかかり、費用が高額になること。また機能追加やOSのバージョンアップ時に都度、保守費用がかかるというデメリットがある。

　また生産管理システムは業種や業態により図表3－59に示すように管理するポイントが異なるため、前述したパッケージシステムは各業界や業態の特徴を考慮した標準機能を有していることが一般的である。

②ITシステム導入の失敗の要因について

　ITシステムの1つとして生産管理システムがあるが、生産管理システムを導入したもの十分に活用されていない企業も散見される。ここで生産管理システムを含むITシステム導入の失敗に関する先行論文や文献の調査を行い、十分に活用されていない要因を検討した。

　中小企業の生産管理システム導入失敗に関する研究は多くはないが、福家（2009）は導入の失敗要因として、「全工程同時一括処理型の既存情報システム

図表 3 −59　業種、業態による主な管理ポイントの例

	業種例	主に管理するポイント
組立を中心 とした業態	機器、機械、装置など	・部品や材料の調達、在庫管理 ・部品構成管理 ・案件や製番ごとの原価管理
加工を中心 とした業態	金属製品、樹脂・ゴム製品、ガ ラス製品など	・工程管理や工程間の仕掛在庫管理 ・共通材料などの在庫管理 ・工程や機械の能力、付加を加味した生産計 画
配合を中心 とした業態	化学製品、食料品など	・配合表やレシピの管理 ・原材料の調達、在庫管理 ・賞味期限やロットトレース管理

出典：ERPNAVI by 大塚商会より

は IT による集中管理型であり、かつ複雑な構造となっている。一方で企業（特に中小製造業）では、顧客受注・計画要員リソース・現場運営・システム化コスト等の理由で分散管理型となっており、比較的業務がシンプル化されている。この分散管理型となる諸理由が存在する中で、集中管理型の情報システムを導入する場合の不整合が導入時の不具合を生じさせている」（福家雅城、2009年、P.94）と述べている。

　ここで福家は導入されている生産管理システムが集中管理型で、分散管理を行っている企業の業務プロセスに合致していないことを指摘しており、これはシステムの機能と企業の業務プロセスが合致していないことを意味している。そしてそれが導入失敗の要因となっていると解釈できる。

　また工場における生産管理システムの活用のされ方として、本間（2022）は「生産管理システムが部材注文書や製造指示書（現品票）などの伝票発行を中心にしか使用されておらず、製造能力をコントロールして生産性を上げることや、短期間で効率的に製造するために必要な生産計画の精度向上などは後回しにしている工場も多いと述べている。そしてこのような状態にある生産管理システムを「生産伝票発行機」と呼んでおり、このような問題が生じる工場が増えている要因として、盲目的にベンダの提案に載せられて生産管理パッケージを導入している。」（本間峯一、2022年、P.8〜11）ことを指摘している。

　IT プロジェクトの失敗理由に関し、日経ビジネス（2018）において谷島は「2003年から2018年までの過去 3 回分の調査結果によると、IT プロジェクトが

失敗する理由として要件定義の不備に集約される。必要なのは要件定義を疎かにしないこと」（日経ビジネス、2023年）と述べている。

またパッケージシステムの導入に関して、独立行政法人情報処理推進機構（IPA）（2018年）は「パッケージ製品の利用では、製品が標準として提供する機能をできるだけそのまま利用することが望ましい。［中略］企画・計画段階で現行の業務運用に対するパッケージ製品の Fit & Gap 分析とユーザー部門への確認を行い、パッケージ製品の利用可否を十分に吟味することが重要である。」（独立行政法人情報処理推進機構、2018年、P.25）と述べている。

当件については日経 ITPRO（2013）にて本間は「カスタマイズ作業を極力行わないようにすること。これは生産管理だけではなく、すべてのパッケージソフトに共通する話である。［中略］カスタマイズを抑制するためには、導入目的をしっかり押さえてシステム構築に入ることである」（日経 ITPRO、2013年）と述べている。

ここで独立行政法人情報処理機構と本間は、パッケージシステムはカスタマイズせずに活用することの重要性を述べているが、これはパッケージシステムのカスタマイズは活用する上で問題が起こると解釈できる。パッケージシステムは標準機能の活用を前提としており、カスタマイズにより、例えばベンダによる OS のバージョンアップ時の対応や、サポート体制に関して追加費用が発生し、前述したパッケージシステムのメリットが享受できなくなるためと考えられる。

一方で日本におけるパッケージシステムの導入に関して、大塚（2016）は「日本の IT プロジェクトは米国の情報投資と比べてパッケージ導入の割合が低く、オーダーによる情報投資の割合が高いことが特徴的であり、既存の IT システムより組織独自の業務にあった IT システムの導入が好まれることが顕著である。［中略］このような背景から、特に日本の情報システム開発の投資には、パッケージシステムに業務を合わせるやり方よりも業務に合わせた IT システム導入を好む傾向がある」（大塚有希子、2016年、P.2〜3）と述べている。

以上の各論文、文献のポイントを下記に纏める。

- 生産管理システムの機能と業務が合っていない
- 導入時にベンダの提案に載せられて、検証もせずに導入している
- 要件定義を疎かにしている

- 日本の企業は業務に合わせた IT システムを好むため、パッケージシステムをカスタマイズして導入している

これらより、生産管理システムを含む IT システム導入に失敗するのは、導入時に十分な検証も行わずに導入したため、要件定義が十分に行われずシステムの機能と業務が合っていない。また、日本の企業は業務に合わせた IT システムを好むため、パッケージシステムの導入の際にカスタマイズを行ったことで十分に活用できていないといったことが要因と考えられる。

② IT システムのあるべき導入方法

　企業において IT システムを導入する目的は、自社の経営課題を解決するためである。生産管理システムの例で考えると、導入により品質（Q）、納期（D）の改善を図ることで顧客満足度が向上し、その結果継続受注や新規受注の獲得に繋がることで売上増加。またコスト（C）削減されることで、利益率向上が図れるといったことである。したがって IT システムの導入にあたっては IT システム導入することで自社のどのような課題を解決し、何を達成したいのか「目的」を明確することが重要である。その解決手法としてパッケージシステム導入やスクラッチ開発があり、より自社の課題解決に繋がる方法を選択すればよい。これは企業の「目的」を達成するために IT システムを活用することであり、そのため経営戦略に IT 活用を取り込み進めていくことが重要である。

　このような取組みを推進するガイドラインとして、IT コーディネータ協会は「IT 経営推進プロセスガイドライン」を作成している。当ガイドラインの中で IT コーディネータ協会（2020）は「「IT 経営とは、経営環境の変化を洞察し、戦略に基づいた IT の利活用に経営変革により、企業の健全で持続的な成長を導く経営手法」と定義。また IT 経営の目的は、経営目標を達成し、経営者の事業への「思い」を実現することである。このために、企業理念と経営者の思いに立ち、外部の経営環境や IT 利活用環境の変化を洞察し、内部で抱えている課題や、まだ気づいていない潜在的課題を見いだし、企業のあるべき姿を描き、経営目標に向かって、現状とのギャップを埋める経営戦略を作成する必要がある。」（IT コーディネータ協会、2020年 a、P.4〜5）と述べている。

　また、IT 経営の進め方（プロセス）として図表 3 −60に示すように、IT 経営認識領域、IT 経営実現領域、IT 経営共通領域を定めている。これは経営者が変

図表 3 −60　IT 経営の進め方

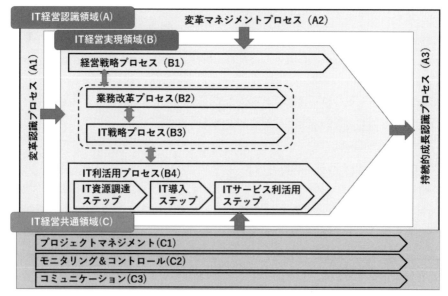

出典：「IT 経営推進プロセスガイドライン V3.1,2020b」IT コーディネーター協会

革の必要性を認識し、経営戦略を立案。経営戦略を達成するために業務改革と合わせて、IT 戦略を立案し、IT 導入していくことを示している。

　このように IT システム導入は業務改革と両輪で検討する必要があり、当 IT 経営の進め方に従い IT システム導入を進めることが理想である。仮に IT システム導入検討の結果、パッケージシステム導入を決定した場合があったとする。その場合、パッケージシステムで対応できない業務上の課題があったとしても、事前に課題を認識しパッケージシステムの導入を進めることとなる。これはパッケージシステムで解決できない業務課題は残るが、代替の解決策を合わせて検討した上で、総合的に考えると経営目標を達成するにはパッケージシステムを導入した方がよいとの意思決定が下されたことを意味している。したがってこのような検討が導入時に実施されれば、導入した IT システムが活用されないリスクは低減できると考える。

③まとめ

　生産管理システムを導入する際の留意点は、IT 経営推進プロセスガイドライン

が示しているように、生産管理システム導入することで自社のどのような課題を解決し、何を達成したいのか「目的」を明確すること。そしてその解決手法としてパッケージシステム導入やスクラッチ開発があり、より自社の課題解決に繋がる方法を選択することとである。そのためにはシステム導入時の要件定義を疎かにせず、十分に検討した上で導入の意思決定を行うことが重要である。

　そしてパッケージシステムを導入する場合は、自社の業界にあったパッケージを選択し、自社の業務プロセス変更を検討しつつ、カスタマイズはせず標準機能を活用することに留意すべきである。

　一方で、生産管理システム導入は導入時の検討が重要であることを述べたが、生産管理システムとしてパッケージシステムを導入したものの、十分にパッケージの機能を活用できていない中小企業もある。このような企業においては、再度新しいシステムの導入や取替えを行うことは容易ではない。中小企業においては財務基盤も弱いため、さらに難しくなる。従って、短期的には既に導入されているパッケージシステムの機能を活用することで業務効率化を図り、より付加価値の高い業務に従事できるようにすることも DX 推進活動である。

　したがってこのような企業に対して既存の生産管理パッケージシステムを活用する方法を立案し、実際に運用した事例を第 4 章に示す。

〈参考文献〉

1．岩本晃一・井上雄介（2017）『中小企業が IoT をやってみた』日刊工業新聞社
2．船井総合研究所デジタルイノベーションラボ（2021）『担当になったら知っておきたい中堅・中小企業のための「DX」実践講座』日本実業出版社
3．永山貴久（2019）『中小工場のための IoT 構築入門』日刊工業新聞社
4．ディジタル画像処理編集委員会（2020）『ディジタル画像処理［改訂第二版］』画像情報教育振興協会
5．北山直洋（2019）『Python で始める OpenCV 4 プログラミング』カットシステム
6．永田雅人、豊沢聡（2021）『実践 OpenCV 4 for Python—画像映像情報処理と機械学習』、カットシステム
7．北山直洋（2021）『Python による OpenCV 4 画像処理プログラミング +Web アプリ入門』カットシステム
8．Christopher M. Bishop（2009）『パターン認識と機械学習 1 』岩波書店

9．Christopher M. Bishop（2012）『はじめてのパターン認識』コロナ社

10．斎藤康毅（2016）『ゼロから作る Deep Learning』オライリージャパン

11．Sebastian Raschka（2016）『Python 機械学習プログラミング』インプレス

12．Andreas C. Müller & Sarah Guido（2019）『Python で学ぶ機械学習入門』オライリージャパン

13．Francois Chollet（2018）『Python と Keras によるディープラーニング』、マイナビ出版

14．Andreas C. Müller & Sarah Guido（2017）『Python ではじめる機械学習』技術評論社

15．大澤文孝（2018）『数学で学ぶ機械学習』オーム社

16．中山浩太郎（2016）『機械学習のための Python 入門』（日経 BP 社）

17．加藤公一（2020）『機械学習のエッセンス（第 5 刷)』SB Creative

18．斎藤康毅（2016）『Deep Learning（ディープラーニング)』講談社

19．斎藤康毅（2017）『Python で学ぶディープラーニング』マイナビ出版

20．斎藤康毅（2016）『ゼロから作る Deep Learning』オライリージャパン

21．斎藤康毅（2020）『ゼロから作る Deep Learning 2 』オライリージャパン

22．斎藤康毅（2017）『Deep Learning 入門』オライリージャパン

23．斉藤久嗣（2019）『Deep Learning 基礎から実践まで』オライリージャパン

24．Goodfellow, Bengio, Courville（2017）『深層学習』岩波書店

25．Francois Chollet（2018）『Python と Keras によるディープラーニング』マイナビ出版

26．下山輝昌他（2021）『Python 実践 AI モデル構築100本ノック』秀和システム

27．下山輝昌他（2021）『Python 実践データ加工 / 可視化100本ノック』秀和システム

28．小林卓矢（2019）「小さな会社が自社を PRA 化したら、生産性がグーンとアップしました。」幻冬舎

29．BizteX 株式会社,【初心者向け】PRA とは？ https://dx.biztex.co.jp/it-column/rpa-beginner/, 2023.（2023年 4 月 4 日閲覧)

30．株式会社ミツモア, PRA ツール比較16選　https://meetsmore.com/（2023年 4 月 5 日閲覧)

31．進藤圭（2018）「いちばんやさしい PRA の教本」株式会社インプレス，P40〜41

32．PescefulMorning 株式会社　藤澤専之介・白瀬裕大（2023）「パソコン仕事が一瞬

で片付く Power Automate 超入門」SB クリエイティブ株式会社

33. 一般社団法人　日本自動認識システム協会編集（2021）『よくわかる RFID（改訂 2 版）』　オーム社

34. JISX0500/2020（2020）『自動認識及びデータ取得技術−用語』日本産業規格

35. https://kikakurui.com/x0/X0500-2020-01.html　規格類ホームページ（2023年 4 月14日閲覧）

36. https://www.soumu.go.jp/main_sosiki/joho_tsusin/policyreports/chousa/

37. yubikitasu_d/pdf/040330_1 _02a.pdf 総務省　「電子タグの高度な利活用に向け た取り組み」（2023年 4 月14日閲覧）

38. https://www.jstage.jst.go.jp/article/oitactkiyou/47/0/47_KJ00006964682/_pdf/- char/ja　電磁界強度を用いた RF タグ位置推定技術の開発 大分工業高等専門学校紀 要 第47号（平成22年11月）（2023年 4 月14日閲覧）

39. https://www.fujitsu.com/jp/group/fsm/documents/products/find/26-2j-14.pdf 富士通ホームページ（2023年 4 月14日閲覧）

40. https://www.giho.mitsubishielectric.co.jp/giho/pdf/2010/1008156.pdf　三菱電 機技報 Vol.84・No.8・2010（2023年 4 月14日閲覧）

41. 中小企業庁（2022a）「中小企業白書、小規模企業白書」中小企業庁

42. 中小企業庁（2022a）「中小企業白書、小規模企業白書」中小企業庁

43. 独立行政法人 労働政策研究・研修機構（2022a）「ものづくり産業における DX に 対応した技術活用と人材確保・育成に関する調査」独立行政法人 労働政策研究・研 修機構

44. 独立行政法人 労働政策研究・研修機構（2022b）「ものづくり産業における DX に 対応した技術活用と人材確保・育成に関する調査」独立行政法人 労働政策研究・研 修機構

45. 大場允晶、藤川裕晃（2019）『生産マネジメント概論 戦略編』文眞堂

46. ERPNAVI by 大塚商会「生産管理システムとは？導入のポイントや業種別の選び 方」 https://www.otsuka-shokai.co.jp/erpnavi/category/manufacturing/sp/solving- problems/archive/191025.html（2023年 4 月12日閲覧）

47. 経済産業省（2022）「デジタルガバナンスコード」経済産業省

48. 経済産業省、厚生労働省、文部科学省（2022）「ものづくり白書」経済産業省、厚 生労働省、文部科学省

49．株式会社テクノア「絶対に成功したい企業様向け生産管理システム導入に必須の 6 STEP」https://www.techs-s.com/material/13（2022年12月ダウンロード）

50．福家雅城（2009）「中小企業における生産管理情報システム導入の失敗に関する構造的問題考察」日本生産管理学会論文誌,Vol.15,pp.94

51．本間峰一（2022）『誰も教えてくれない生産管理システムの正しい使い方』日刊工業新聞社

52．日経ビジネス・谷島 宣之（2018）「プロジェクト失敗の理由、15年前から変わらず」https://business.nikkei.com/atcl/opinion/15/100753/030700005/?P=2（2023年4月12日閲覧）

53．独立行政法人 情報処理推進機構（IPA），SEC（2018）「システム再構築を成功に導くユーザーガイド 第2版 〜ユーザーとベンダで共有する再構築のリスクと対策〜」独立行政法人 情報処理機構

54．日経 ITPRO ACTIVE 連載・本間峯一（2013）「生産管理パッケージ導入の留意点」https://homma-consulting.jp/consultant/ より PDF ダウンロード，pp15（2023年4月12日閲覧）

55．大塚有希子（2016）「我が国における IT プロジェクトマネージャーのマネジメントコンピテンシーに関する研究」慶応大学大学院システムデザイン・マネジメント研究科，P.2〜3

56．特定非営利活動法人 IT コーディネータ協会（2020a）『IT 経営推進プロセスガイドライン Ver.3.1』特定非営利活動法人 IT コーディネータ協会，P.4〜5

57．特定非営利活動法人 IT コーディネータ協会（2020b）『IT 経営推進プロセスガイドライン Ver.3.1』特定非営利活動法人 IT コーディネータ協会，P.8

第4章

中小製造業の DX 事例

1節　コンクリート養生工程短縮（曾澤高圧コンクリート）

（1）企業概要

A. はじめに

　曾澤高圧コンクリート株式会社（以降、A社）は、北海道苫小牧市に本社を置く従業員600名を超す大手コンクリート二次製品製造企業である。国内だけでも、北海道の10工場を始め宮城県、福島県、茨城県に計14工場を保有している。我々は、茨城県の工場で、工程改善に取り組んだ。生産はセットした型枠にコンクリートを流し込み蒸気で養生を行う。一定の時間の経過後脱型すれば、製品の完成である。建屋内に天井走行クレーンが走り、コンクリートを型に流し込んだ蒸気が建屋に充満する職場である。

　他業種の工場ではロボットや搬送設備が導入されて自動化が進捗しているが、コンクリート製造プロセスでは人手による機械操作と人手作業に頼っている。しかし、昨今の人手不足と必ずしも快適とは言えない環境下で、若い労働者を得ることが難しい職場であり、作業効率化や自動化のメリットは大きい。

　コンクリート二次製品とは、住宅に使われるパイル、土木工事で地下に埋設される土管、道路工事で不可欠な道路の縁石、各種擁壁などで、工事現場の進捗にあわせてタイムリーに搬入されなければならない。納入が遅れれば工事日程が止まり作業現場に大きな影響を与えることから、納期遵守が重要な管理基準となる。納期を遵守するためには、生産計画に従い進捗を図る必要がある。現在は、生産品目と生産数量の目標値に対する生産実績を1日単位で管理しているところが多い。ところが、現場の仕事は工程ごとに分かれており、工程間の連携が崩れると仕掛品が偏在し、生産効率が低下する。また、工事現場を持つ顧客からの要請で特急品が発生し、1日の生産計画が見直されることもある。生産目標を達成するため、現場監督者が現場をうまく取り仕切る必要がある。

　工場全体の視点からは在庫問題もあるが、納期遅れへの対応が至上命題であることから、全体の業務革新の前段階として、まず加工時間の短縮化にデジタル技術を活用して取り組んだ。

B. コンクリート製品

　コンクリート製品工場で扱う製品の外観を図表４－１に示す。本工場では２種類の製品を生産している。図表４－１(a) は断面がＨ型の形状をした住宅用のコンクリートパイル（杭）である。コンクリートの引張強度を増すため、溝状の金属製型枠内に張力をかけたワイヤーを仕込み、ワイヤーごとコンクリートを硬化させたものである。脱型後、張力をかけたワイヤーを切断すると、ワイヤーに圧縮力が働くため、コンクリート杭の引張強度が増す。本製品は定尺の標準品である。製造ラインには全長130m 型枠が設置されている。標準長さにあわせて型枠内に仕切り板を配置し、複数本まとめて製造している。少品種大量生産型である。また、図表４－１(b) は法面工事や排水工事など土木向けに製作されるコンクリートブロック状の製品である。（コンクリートブロックと称する）金属製の箱型の型枠内に鉄筋を配置し、コンクリートを打設して製作する。製品一つに対し、一つの型を使用して製作する。１ロットあたり１～３個の数量を製作する。１日あたり複数品種を数ロットずつ生産する多品種少量の生産形態である。

（２）問題点とアプローチ

A. 生産プロセス

　住宅用のコンクリートパイルと土木用のコンクリートブロックの生産プロセスを図表４－２に示す。それぞれの製品形状は異なるが、生産プロセスは共通で、段取、打設、促進養生、脱型の４つの工程で製造されている。

図表４－１　製品の外観（中間品）

(a) コンクリートパイル　　　　　　　　　(b) コンクリートブロック

図表 4 － 2　生産プロセス

1. コンクリートパイル（単一品種、定尺サイズ品）

段取　3 名×60 分					打設　55 分×3 名			促進養生　3 時間～4 時間	脱型　50 分×7 名			
ブロー清掃	離型剤塗布	型クローズ	ワイヤーセット	鉄筋仕切り板セット	打設	表面ならし	養生シートカバー	スチーム	養生シート取り外し	型オーブン	ワイヤーカット	製品取り出し仮置き

2. コンクリートブロック（多品種少量品）

段取　20 分×4 名（2 ロット、4 台）　10 分×4 名（1 ロット、2 台）					打設　20 分×4 名（2 ロット、4 台）　10 分×4 名（1 ロット、2 台）				促進養生　3 時間～4 時間	脱型　4 名×36 分（2 ロット、4 台）　4 名×18 分（1 ロット、2 台）			
サンダー清掃	離型剤塗布	型クローズ	－	型部品鉄筋セット	打設	撹拌表面ならし	養生シートカバー		スチーム	養生シート取り外し	型オーブン	－	製品取り出し仮置き

それぞれの工程の概略を以下説明する。

①段取工程

　型の清掃から、離型剤の塗布、型クローズ、そして住宅用製品の場合はワイヤーのセットを行い、鉄筋と仕切り板のセット、土木用製品の場合はワイヤーのセットが無く、鉄筋をセットして完了する。

②打設工程

　次は型にコンクリートを流しこむ、打設工程となる。打設工程では、コンクリートを型に流し込んだあと、表面をならし、養生シートで製品を覆って完了する。

③促進養生工程

　コンクリートの硬化促進を行う工程である。いくつか方法があるが、本工場では常圧蒸気養生を行っている。養生シートの中をあらかじめ定められた温度条件にしたがって、スチームで加熱する。本工場では、およそ３時間半の加熱を行っている。尚、促進養生時間は、使用しているセメントの種類や生コンの練り方などの生産プロセスの違いにより、会社ごとに大きく異なる場合がある。

④脱型工程

　硬化されたコンクリートを型から取り外す工程である。型を解放し、製品は天井クレーンで吊り上げられて、取り出される。

　製品取り出し後、再び段取工程へ戻る。また、取り出された製品は外面の清掃や補修を行った後、ストックヤードへ移送され出荷まで保管される。

B. 生産設備とレイアウト

　コンクリートパイルの製造には、長さ130mの型枠が用いられる。コンクリートの基礎の上に、側面開閉式の金属製の型枠が固定されている。型枠内の決められた場所に仕切り板をセットすることで、定尺品を複数本まとめて製造している。一方、土木向けのコンクリートブロックの型枠は、製品ごとに個別の型枠を用いている。生産計画に基づき、必要な型枠を工場内に運びこみ、任意の場所に

図表4－3　工場レイアウト

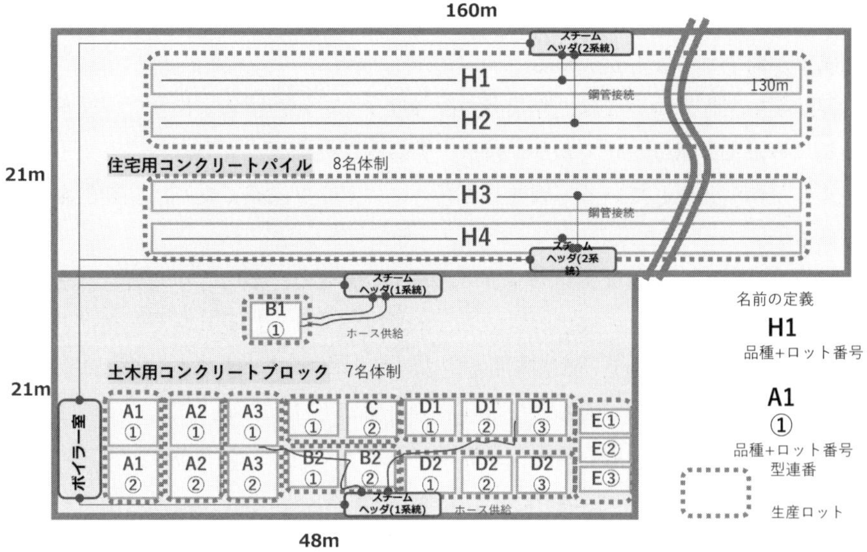

設置して製作を行っている。工場レイアウトを図表4－3に示す。

　作業場所は、住宅用製品と土木用製品で分けられており、それぞれ別の作業チームが担当している。蒸気養生を行うため、ボイラー設備からの蒸気配管が工場内の必要位置に設置されている。

C．生産上の問題点

　各生産プロセスのリードタイムはおおむね次の通りである。①段取工程（30分）、②打設工程（30分）、③促進養生工程（3～4時間）、④脱型工程（30分）。従って、ボトルネック工程は促進養生工程である。

　プロセスと作業者の対応の関係を図表4－4に示す。トータルのLT（リード

図表4－4　プロセスと作業者の対応

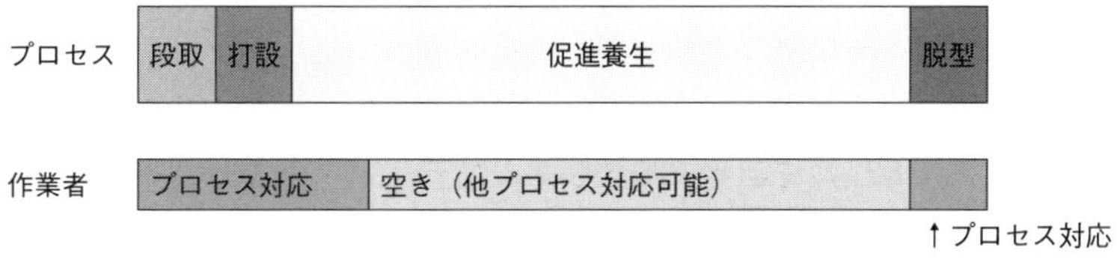

タイム）約5時間のうち、作業者の直接関与は、およそ2時間程度であり、作業者は空き時間に別のラインの作業が可能となる。従って、工程の組み方で作業稼働率が向上することが分かる。

　促進養生工程については、作業者の関与は少ないが、監督者は常に促進養生中の製品の温度を気にかけており、時折、製品温度のチェックを行い、所望の温度条件と差異が発生していると判断した場合にはバルブ調整により温度調整を行っている。

　加熱不足や急な加熱は製品の品質に影響を与えることから、作業者にはまかせず、管理者の業務として残されている。本調整作業は、作業基準が明文化されておらず（感覚的な判断）、標準時間も定まっていないが、デジタル活用により、機械化・自動化が可能であるので管理者の負荷は下げられる。

　以上より、現場の問題点は①作業標準が定まっていないこと、②監視プロセスのIoT化と自動化ができていないこと、③作業者のスケジューリングにまで手が回っていないことが上げられる。管理者業務の負荷低減により、タイムリーな作業指示を行い、作業者の稼働率向上を向上させ、リードタイム短縮につなげることができる。

（3）システム構築

A．標準時間と標準作業の設定

　促進養生プロセスは経験的に温度管理値が定められていたものの、作業標準として明文化はされていなかった。したがって、今回、ヒアリング結果に基づき標準作業として図表4－5を定義した。プロセス開始後の1時間で外気温（観測時は5℃）から45℃まで昇温を行い、次の1時間で45℃から60℃に昇温を行う、更に次の1時間は60℃の温度で保温を行う。合計3時間経過後に、蒸気の供給を停止し、自然冷却を行う。自然冷却30分経過後に促進養生プロセスを完了とする。管理者は養生シートに突き刺した温度計の温度監視をしながら、蒸気を供給するバルブの調整を行っている。

　製品の品質確保のためには、図表4－5の折れ線に従う昇温プロファイルが得られれば良く、折れ線を越える加熱があれば蒸気ロスとなり、不足があれば加熱時間を延長する必要がある。

図表 4 － 5　　促進養生プロセスの標準化

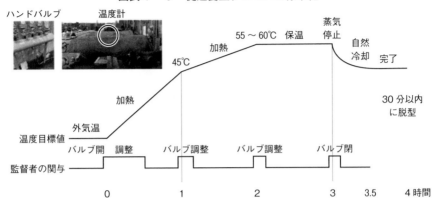

B.　プロトタイプの製作

　今回、温度湿度センサーで取得したデータを IoT デバイス経由で PC 上にデータ収集を行い、温度監視と作業者へアラーム出力を行うシステムの設計・製作を行った。前項で定めた標準作業の目標値に対し、実際の計測データとの間に一定以上の差異が発生した場合にアラームとバルブ操作量を知らせる。また、蒸気養生プロセスの完了予定時刻も作業者に知らせることで、完了までに作業者へ指示ができるので、ムダな待ち時間なく次工程の作業（脱型）を進めることができる。

　図表 4 － 6 に IoT システム（プロトタイプ）の構成、図表 4 － 7 に構成品の仕様一覧を記す。現場に設置されている型枠に温度・湿度センサーを取り付け、センサーの読み取り値を IoT マイコン経由にて無線で小型 PC にデータを送信する。小型 PC では、取得した時系列データの演算処理を行い、標準作業との差異や進捗を監視する。

　本システムは目標温度を現場の勘でオペレーションしていたところに標準時間を設定し、IoT や AI の活用で自動オペレーションを可能とした。対象のコンクリート製品工場では、スチームなどを使って打設したコンクリートの温度を上げて何時間か保持すれば良い程度の曖昧な製作方法しかなかったが、ここにメスを入れて標準値を設定し、予測モデルを適用してフィードバック制御する方法論を確立した。

　スチームによる加熱開始後の、製品温度が飽和曲線を描くことから、一次遅れ

図表 4 - 6　IoT システム（プロトタイプ）の構成

動作確認用
モニタ

エッジコンピュータ
（現場側のデータ処理装置）

取付

小型 PC
（Raspberry Pi 3B）

IoT 通信器
（MonoWiress USB stick）

センサデータ受信

型に設置

LAN ケーブル

無線通信

20m ～ 100m

IoT マイコン
（MonoWiress 無線タグ 2525A）

I2C センサー
Aideepen BME280
温度湿度センサー

センサデータ発信

通信規格：IEEE802.15.4

IoT マイコンと IoT 通信機は、Monowireless 社ホームページより転載
I2C センサーとモニターは amazon ショッピングサイト（購入時の商品写真）
小型 PC は、公式ページより転載
（https://www.raspberrypi.com/products/raspberry-pi-3-model-b-plus/）

系で近似を行った。入力値をスチームラインのバルブの開度、出力値を製品表面
温度に実測を行い、測定結果を用いてシステム同定を行う。一次遅れ系のステッ
プ応答による出力の計算式に対し、その特性を決めるパラメータ時定数 τ を最小
二乗法のアルゴリズム用いて決定する。（今回、Levenberg-Marquardt アルゴリ
ズムを使用）

　ここで、システムへの入力を時刻 t の関数 $u(t)$ と表記すると式（4 - 1）となる。

$$u(t) = \begin{cases} MV_{\Delta T}(t \geq 0) \\ 0(t < 0) \end{cases} \qquad \cdots (4-1)$$

$MV_{\Delta T}$ は ΔT 温度上昇するときのバルブ開度

図 4 － 7　構成品の仕様一覧

番号	項目	型式等	仕様
1	小型 PC	Raspberry Pi 3 Model B+	CPU：Broadcom BCM2837 1.2GHz 64-bit quad-core ARMv 8 Cortex-A53 Memory：1 GB I/F：USB2.0 standard A コネク× 4 、HDMI × 　　1 、（出力）、RJ-45 × 1 電源：DC 5 V、外形寸法：約86（W）×57（D） 　　　×17(H) mm 重量：45g
2	モニタ	タッチモニター 7 インチ IPS パネル （ノーブランド）	画面サイズ 7 インチ 解像度 SVGA Wide インターフェース HDMI
3	IoT 無線機 （受信機）	モノワイヤレス USB スティック MONOSTICK-B	通信方式：2.4GHz IEEE 802.15.4 準拠 通信速度：250kpbs 送信出力：1 m W 級
4	IoT マイコン （送信機）	モノワイヤレス TWELITE 2525A	加速度センサー付き無線タグ（I 2 C センサー接続可） 通信方式：2.4GHz IEEE 802.15.4 準拠 通信速度：250kpbs サイズ：25 mm ×25 mm ×10 mm 重量：6.5g（電池 CR2032含む）
5	センサー	BOSH 社製 BME280 温度湿度大気 センサーモジュール （ノーブランド）	温度測定範囲：0 ℃〜65℃（誤差±0.5℃、分解能0.1℃） 湿度測定範囲：0 ％100% 気圧測定範囲：300から1000hPA
6	ケーブル	LAN ケーブル	規格：CAT 5 e、サイズ－極数：0.5sq-4極

一次遅れ系システムのステップ応答による出力 $y(t)$ は式（4 － 2）となる。

$$y(t) = \alpha \times MV_{\Delta T} \times \left\{ 1 - e^{-\frac{(t/60)}{\tau}} \right\} \qquad \cdots （4 － 2）$$

α は比例係数

　オープンソース言語である Python とそのライブラリの一つである SciPy（URL：SciPy.org）を用いたプログラムによりパラメータ決定の演算を行った。SicPy の最適化アルゴリズム群の中に、カーブフィッティング関数（scipy.optimize.curve_fit）が用意されており、本関数を用いると、任意の線形関数及び非線形関数の最小二乗法による最適化が容易に可能である。

C. バルブ操作ロジック

　IoT システムによるセンサーデータ取得結果を図表４－８に示す。促進養生プロセス中の温度（下グラフ）と湿度（上グラフ）をプロットしたものに、温度目標を重ねたグラフである。湿度の急激な変化の検出により、促進養生プロセスの開始と終了タイミングの検出を行うことができた。また、温度データについては、目標温度に対する差異の可視化を行った。温度目標値に対し、オーバーしている部分は、過加熱による蒸気ロスである。

　温度監視と温度目標値との比較により、温度勾配、温度差異、到達温度の監視を行い、アラームが機能することを確認した。これは従来の監督者の作業を代行するものである。

　尚、監督者がバルブ調整を行った場合には、温度勾配に変化が生じる。温度勾配の変化点を検出することで、他監督者がどれくらいの頻度でバルブ調整を行ったのか推定することができるので、今回その推定も行った。

人手によるバルブの初期操作量を MV_{INIT}、理想的なバルブ操作量 MV_{REF} とすると、出力は次の２つの式であらわされる。（α、τ は既知）

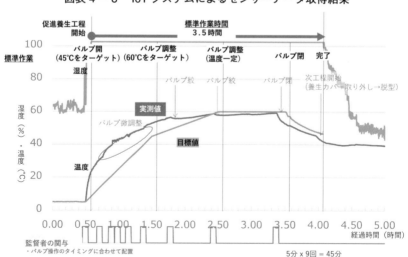

図表４－８　IoT システムによるセンサーデータ取得結果

$$\text{測定値}\quad y(t) = \alpha \times MV_{INIT} \times \left\{ 1 - e^{-\frac{(t/60)}{\tau}} \right\} \qquad \cdots (4-3)$$

$$\text{推定値}\quad \hat{y}(t) = \alpha \times MV_{REF} \times \left\{ 1 - e^{-\frac{(t/60)}{\tau}} \right\} \qquad \cdots (4-4)$$

人手による初期操作量 MV_{INIT} と理想値 MV_{REF} とに偏差があると、測定値と推定値の間に差が生じる。（4－3）式・（4－4）式を変形すると、バルブ修正量 ΔMV が求められる。つまり、実際の温度と目標温度との間に差が生じた場合には、（4－5）式で必要なバルブ調整量を求めて、適正な操作量を作業者に知らせることができる。

$$\Delta MV = MV_{REF} - MV_{INIT} = \frac{y(t) - \hat{y}(t)}{\alpha \times \left\{ 1 - e^{-\frac{(t/60)}{\tau}} \right\}} \qquad \cdots (4-5)$$

（4）成果と考察

A. 改善効果

ムダの改善結果を図4－9にまとめる。IoT による温度監視により、蒸気ロスは、0.91に改善する。また、従来は、促進養生工程の完了後、次の脱型工程を開始するまでに、30分程度の待ち時間が発生していた。今回、促進養生の完了予定時刻にもとづき、脱型工程の作業者をあらかじめ配置できるため、リードタイムは、240分から212分と28分短縮が見込まれる。また、バルブ調整作業は、従来は監督者の業務であったが、作業者による対応が可能となるため、監督者の作業負荷は45分間短縮される結果となった。

図表4－9　改善結果

	蒸気ロスの改善 （比率）	次工程開始までの リードタイム	監督者のバルブ 調整時間
従来	1	240分	45分
IoT 化の効果	0.91	212分	0 分（作業者対応）

出典：著者作成

B. 作業者の移動計画

　現場にカメラを配置するとその映像から画像認識 AI により、現場の作業者の数をカウントすることができる。今回、住宅用コンクリートパイルと土木用コンクリートブロックの２つの作業エリアがあるが、それぞれの現場にカメラを配置し、各現場の作業者数のカウントを行った。各現場の人物検出状況を図表４－10に示す。現場全体の作業者が把握できるようカメラの位置を選定してある。住宅用コンクリートパイルの現場には、４台の型枠が設置されており、２台の型枠ごとに１つの班が割り当てられている。土木用コンクリートブロックは１班構成である。

　カメラを配置今回、オープンソースで公開されている物体検出アルゴリズムの一つである。YOLOv３の学習済みモデルを使用して各現場の人数カウント結果から現場の負荷状況の可視化を行った。現場に配置したカメラ映像から60秒に１枚静止画を取り出し、物体検出 AI により、各現場の人数カウントを行っている。

　作業実績に、作業者数カウント結果をあわせたものを図表４－11に示す。図表４－11より、住宅用コンクリートパイルの２つの作業エリアと土木コンクリー

図表４－10　AI による現場人数カウント

1. 住宅用コンクリートパイル

H3, H4 ライン作業と分類

H1, H2
ライン作業
と分類

人物と認識されると
Person ラベルで長方形で囲まれる。
また、推論の確からしさをあらわす
スコア値も表示される。

2. 土木用コンクリートブロック

動画より 60 秒に１枚静止画を切り取り、画像認識を実施。
画像認識アルゴリズム（YOLOV3*）の学習済みモデルを適用。

図表4−11　作業実績と現場の負荷状態

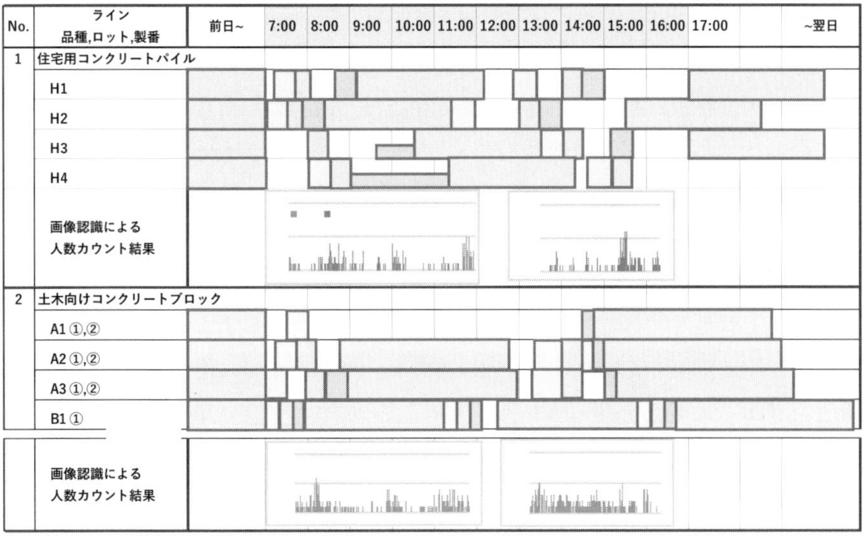

トブロックの1つの作業エリアでは、作業負荷のピークが異なっていることがわかる。したがって、負荷状況の監視により、負荷の低い班に対して、負荷の高い班へ応援に行くよう自動的に指示を出すことが可能となる。

C. むすび

　本事例では、現場のヒアリングと観察を通し、監督者が蒸気養生プロセスの管理をはじめ、生産目標に対する進捗管理、特急品対応や工程バランシングなどさまざまな状況変化への対応のため、手が回っていないということへの気づきからスタートした。監督者の負荷を下げるため、IoTにより養生プロセスの温度監視の代行を行った。また、AI（画像認識）により、現場の負荷状況の把握と応援指示の自動化手法の開発に至った。すなわち、デジタル技術を監督者業務の効率化の視点でとらえると、IoTは数値管理の自動化、AI（画像認識）は現場巡視の代行を可能とする技術である。本工場に限らず、デジタル技術により監督者業務を代行させる余地はまだまだ残っている。

　DXとは、企業の競争力向上へ向けた、継続的な取組みである。デジタル技術

の活用により、いきなり新しいビジネスモデルを立ち上げることも可能ではあるが、多くの企業の場合、まずはデジタル活用による業務効率化や生産性向上を図り、基礎体力の向上と新しい取組みを進めるための余力の捻出が DX のファーストステップとなる。A 社のこの工場の問題点は、時間のかかる養生工程（ネック工程）による生産性低下だけではなく、売上・需要予測の誤差、季節性への対応、生産計画の調整不足などによる完成品在庫の過多、多様な製品に対応するために増やしてきた型枠の稼働率の低下など様々ある。これらの問題点の中で真の問題は監督者がライン作業に取り込まれいて、他の問題の対処まで手が回っていないことと考えた。そのために、現場監督者の負荷を減らすことから始めた訳である。ここで報告する取り組みは完成形でも、単なる工程改善でもなく、真の業務改善（DX）に至る一里塚ということである。

〈参考文献〉

1．川越敏昌、藤川裕晃（2022）「コンクリート製造プロセスの IoT 活用による改善」日本設備管理学会誌、Vol. 33、No. 4、P.151〜160

2．大澤文孝（2019）「TWELITE ではじめる「センサー」電子工作」、工学社

3．福田和宏（2019）「電子部品ごとの制御を学べる！Raspberry Pi 電子工作 実践講座 改訂第 2 版」、ソーテック社

4．中川徹、小柳義夫（2018）「最小二乗法による実験データ解析 プログラム SALS〈〈新装版〉〉」、東京大学出版会、P.95〜124

5．幸谷智紀（2021）「Python 数値計算プログラミング」、講談社、pp179-182

6．SciPy v1.6.4 Reference Guide、「scipy.optimize.curve_fit 関数の解説」https://docs.scipy.org/doc/scipy/reference/generated/scipy.optimize.curve_fit.html#scipy.optimize.curve_fit　（2023年 4 月12日閲覧）

7．クジラ飛行机、杉山陽一、遠藤俊輔（2018）「Python による AI・機械学習・深層学習アプリのつくり方」、ソシム

8．Joseph Redmon and Ali Farhadi(2018)、「Yolov 3：An incremental improvement」、arXiv preprint arXiv:1804.02767

9．UserID, qqwweee（2018）「A Keras implementation of YOLOv 3 （Tensorflow backend)」)、https://github.com/qqwweee/keras-yolo 3（2021年 1 月15日閲覧）

2節　印版探索時間の削減（森紙器）

（1）企業概要

　森紙器株式会社（以降、M社）は、草加市に工場を構える紙器製作および印刷を行っている従業員80名の中小企業である。段ボール素材で作ったAED収納ボックス（図表4−12）などのオリジナル商品の開発も手掛けるアイデア企業である。印刷事業では様々な顧客の需要に合わせるため多くの種類の印刷機械を備え、段ボールを印刷して納品している。

（2）問題点とアプローチ

A．問題点

　M社の工場では、段ボールの紙材に印刷・カット加工し段ボール箱を生産している。印刷は印版（ハンコ）が必要であり、年間で5,500種類ほど使用する。印版の保管場所（図表4−13）には、数万の印版がある。中には長年使用されておらず、廃棄判断のつかないものも多く含まれている。印版探索専任の担当者が配置されており、保管場所の中から毎日必要な70〜80枚の印版を探し出して

図表4−12　AED収納ボックス

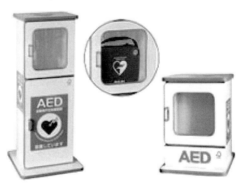

出典：M社提供資料

図表4−13　印版保管場所

出典：M社より資料提供

　いる。専任の担当者は、頻繁に使う印版は即座に見つけるが、使用頻度が低い印版は探索に長時間かかっていた。M社から「印版を見つけるのに半日から1日かかることが月に数回ある。また、たまに見つからないことがある。解決方法があったら教えて欲しい。」という要望が出された。

　M社の経営上の問題は、専任の担当者を設置して印版探索を短時間にできる体制を組んでいるが、専任の担当者が急な病気で欠勤したときには、当日の生産ができなくなることである。担当者不在でも顧客への納期を満たす仕組みを構築することが重要である。

B.　ツールの選定

　まず、探索をどのような方法で行うかを決める必要がある。

　方法論として、①画像認識、②RFID、③QRコード、④ビーコンの4種類の検討を行った。M社での導入を前提にそれぞれについてメリット、デメリットを考察した。図表4−14に7つの評価項目による比較検討結果を示す。

　RFIDのみが全ての項目に×がつかない結果となったことから、今回RFIDを活用して印版を探索する仕組みづくりを行なうことにした。

図表4-14　探索テクノロジーの比較

評価項目	画像認識	RFID	QRコード	ビーコン
離れた所から探索	○	○	×	○
水・埃の耐性	○	○	×	×
電波障害の耐性	○	△	○	×
開発コスト	×	○	○	○
運用コスト	○	○	○	×
常時電力不要	×	○	○	×
電池不要	○	○	○	×

出典：著者作成

図表4-15　RFID導入フロー

フェーズ	ステップ	内容
1	1	探索が生じている状況と現場の環境を調査・分析
	2	現場の環境と探索するモノに適した技術を選択
	3	予備実験を通じて制約条件を考慮した手順設計
	4	現状のモノを探す時間を測定
	5	Minimum Viable Product（MVP）でPOCを実施（新手法の時間測定）
2	6	量産システムの開発（ベンダーとの協業）
	7	導入準備と導入時の教育（ベンダーとの協業）
3	8	導入後のPDCAを指導

出典：著者作成

C. RFIDの検討の進め方

　RFIDの導入〜実証実験を始めるにあたり、初期調査から量産導入後のPDCAまでを図表4-15のように3つのフェーズ、8つのステップで進めることにした。

【フェーズ1】

　RFIDは電波を利用するため、現場の環境と探索対象の材質に大きく左右される。したがって、RFIDが適用できるかの判断には実験が必須である。技術的に使用可能でも、現場の日々の作業でストレスなく使用できなければ適用できない。フェーズ1では技術的な実現可能性と、現場の環境と作業手順に合った探索の方法開発を行った。

【フェーズ２】

　RFIDを現場に適用する際、用途に応じたアプリ開発が生ずることを想定すべきである。フェーズ２では、量産での作業性を高めたアプリ開発と作業標準の設計を行った。RFIDでの探索を実現するには、RFIDタグを印版に取り付けなければならない。RFIDの取り付け方法と探索作業の手順を定めて、RFIDを活用した新しい印版管理方法を量産プロセスに導入した。

【フェーズ３】

　RFID探索を実行する印版担当者はIT機器の操作は不慣れで、数回の指導・練習が必要とした。RFIDのリーダ・ライタの電源立ち上げに不安があったが、２回の練習で探索と確認作業ができるようになり、３回目に探索のコツを習得できた。量産開始後に、RFIDタグ取付け手順に改善点が見つかり作業の手順を修正した。

　RFID導入計画に作業者の教育と作業手順のPDCAを入れることは必須である。RFID導入の際、技術を理解し業務手順改善を推進する人が必要である。

（3）システム構築

A．システム構築上の課題

以下の２つの課題の解決策としてRFID導入を行った。

　１．探索時間の短縮・平準化

　２．探索物確認の機械化

　現場では、「長い探索時間」がかかることがたまに生じた、その他に「間違った印版の使用」の問題が発生した。よってヒューマンエラー防止策として「確認」の機械化をRFIDで実装することにした。

B．課題の検討

【ハンディー端末】

　今回使用したハンディー端末は、デンソーウェーブ社のSP１とBHT1800である。SP１はRFIDリーダ・ライタ。BHT 1800はAndroid端末で、SP１の設定と制御、さらにSP１からのデータに応じた表示などのヒューマンインタフェー

スおよび PC との連携サービスを提供する。

　SP 1 は250mW 以上 1 W 以下の出力があり、到達距離が約 7 m である。出力が比較的大きい RFID 端末となり、電波管理局への登録が必要になる。

【RFID タグ】

　パッシブ型で約 7 cm のラベルシールタグを選択。印版管理番号を EPC 領域に書き込み、表面に印版管理番号とその QR コードを印刷したタグを購入した。

　購入したタグの EPC は16進数28ビットのデータ領域である。28ビット全部を管理番号とすると認識しにくいため、先頭アルファベット 3 桁と 7 桁の10進数を管理番号とし、上位ビットはゼロ詰めにしたデータを EPC に書き込んだ。印版数が10の 7 乗に達した場合は、AAA を BBB に変え、FFF まで到達したら上位ビットを使用することとした。

　EPC データは28ビットであるが、視認性に配慮し RFID タグ表面に印字される印版管理番号は AAA から始まる10桁の文字列とした。

　（例）

0000 0000 0000 0000 0000 0000 0000 は視認性が悪い。

0000 0000 0000 0000 00AA A000 0000 下位 7 ビットを番号に使用。

　RFID タグは 2 千枚のロール単位での購入となり、2 千枚だと 1 枚数十円、数万程度の大量購入の場合は更に単価は下がる。RFID タグの購入時に EPC 書き込みと表面の印刷を依頼すると単価は数十円高くなる。

【探索の手順】

　RFID データを QR コードに変換したシールを作業指示書に添付。RFID タグを印版に取り付けた状態とし、探索する手順を述べる。

　探索する際の手順は以下の 2 ステップである（図表 4 −16）。

　1．赤外線で QR コードを読む。

　2．QR コードで読み取った RFID を探索する。探索の際は、音と表示を頼りに近づいてゆく。

図表 4 − 16　RFID 探索フロー

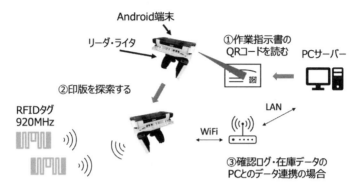

出典：著者作成

図表 4 − 17　RFID 探索のコツ

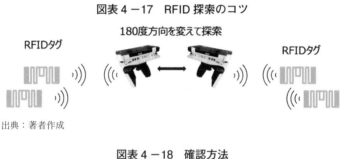

出典：著者作成

図表 4 − 18　確認方法

出典：著者作成

【探索のコツ】

　RFID の探索の際、180度方向を変えると信号の強度が大きく変化するという特徴を利用すると探しやすい。RFID タグは180度近くの領域まで反応するが、180度を超えると反射がない限り反応しない（図表 4 − 17）。

図表 4 −19　探索アプリ画面

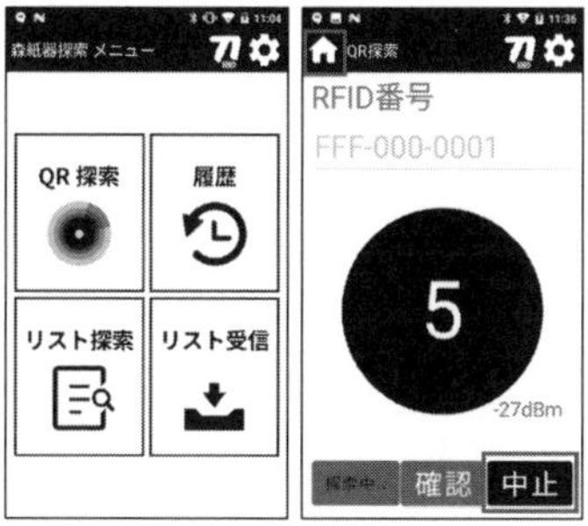

出典：M 社より資料提供

【確認の手順】

　探索した印版が QR コードと一致するかの確認作業を RFID で行う。その際の注意点がある。印版が複数枚重なっている場合、RFID では先頭か後ろかの区別がつかない。確認のためには、確実に一枚だけにして10cm 程度の至近距離から探索すると信号強度が安定的に最大となる。その状態を「確認」とした（図表 4 −18）。

C.　探索アプリの構築

　図表 4 −19は探索アプリの初期画面（左）と探索画面（右）である。探索画面真ん中の数字と緑の丸は信号強度に応じて 1 から 5 まで表示と音で変化を知らせる。探索画面の下、中央にある「確認」ボタンは信号強度 5 の時だけ押すことができる。「確認」ボタンが押されると、印版管理番号がログに残る。

（4）結果と今後の展開

A.　RFID 導入効果の評価

　本事例のフェーズ 1 で実施した実証実験では、印版探索の専任者が探す時間と、新人作業者が RFID を頼りに探す時間を比較した。日々の使用頻度が高い印版に関しては探索専任者が探すと速いが、月に数回長時間の探索が生ずる。一方、RFID 探索は新人が探すため、使用頻度が高い印版は探索専任者より遅いが、保管場所が全く不明な状態の探索は RFID 探索の方が速いという結果になっ

図表4－20　探索時間の評価

項目	探索専任		RFID探索（新人）	
年間総探索時間の期待値	△	46,755分	○	46,027分
探索時間の分散	×	572.77	○	0.57
生産計画の安定化	×		○	
現物確認の機械化	×		○	

出典：著者作成

　た。そこで、よく使う印版と置き場所が全く不明な印版のミックスケースのシミュレーションで評価した（図表4－20）。年間総探索時間の期待値は探索専任とRFID探索とでは差が出ない。しかし、探索時間の分散を計算するとRFID探索は長時間の探索がなくなるため、探索時間の分散が1/1000となった。たまにしか生じないが印版が長時間見つからない場合、生産計画の調整や納期変更が必要になり経営上深刻な問題となる。

　フェーズ1で、探索時間の分散が劇的に改善することと「確認」作業の機械化ができること確認されたため、フェーズ2に進むこととした。

　現在は量産開始から3ヶ月ほど経ったところである。使用頻度が低い印版にRFIDタグ付けが行き渡った状況に至っていないため、使用頻度が極めて低い印版探索の定量評価ができていない。しかし（定性的ではあるが）、導入後にRFID探索を使って素早く発見できたケースがあるとの評価をいただいている。

　もう一つの課題であった「確認」の機械化について、RFIDタグをつけた印版はRFIDでの現物確認を実行している。

　本事例は以下の2つの課題解決を目指し、両面で効果が出始めた状況である。

1．探索時間の短縮・平準化
2．探索物「確認」の機械化

B．RFIDとQRコードの併用について

　本事例では、探索するRFIDをQRコードでハンディー端末に読み込む。QRコードは数十センチの距離から確実に読めるので、探索対象の印版管理番号をQRコードにしたシールを用意し、作業指示書貼付することにした。

　一般の物流などの使用例では、物品にRFIDタグを取り付ける際、RFIDを読む。その場合、読んだRFIDと物品管理番号とが紐付けするアプリと管理システ

ムが必要になる。物品を探索する際は、タッチパネルを操作して物品管理番号から RFID を呼び出しリーダ・ライタに格納し、探索を行う。そのシステムの場合、アプリ開発だけでなく RFID 管理専用システムを構築するため投資額が大きくなりがちである。

　印版管理番号から QR コードのイメージを作成するのは、Python の qrcode. make を使用した。2,000 枚分の RFID の QR コードを作成するにはプログラムが必要である。出力ファイル名を「印版管理番号 .png」にすることにより、QR コードと印版管理番号をシールに印刷することを可能にした。

　「確認」作業を、QR コードを使わず RFID で行う理由は、印版はインクで汚れ QR コードが読めない可能性があるからである。QR コードは隠れたり汚れたりすると読めないため、印版の探索と確認に適用するのは難しい。

C．RFID 適用の困難さ

【範囲の限定が困難】

　RFID は電波が届く範囲の全ての RFID タグを励起させ、すべての RFID タグから信号が返ってくる。したがって不要な RFID タグの情報が含まれている。電波が届く範囲にある全ての RFID が応答するという特性を理解することは RFID を使いこなすには重要である。

　例えば、ユニクロで購入した商品を RFID で精算する場合、隣の買い物カゴの RFID を読み取らない環境を確実に作る必要がある。

【棚卸しも 100％ ではない】

　RFID を活用した棚卸しの際は、数万もの RFID のリストにある商品の存在を瞬時に確認することができる。しかし、タグの向きやタグの重なりなどの要因で数％見つからないことがある。その場合見つからない商品を人手で探すことになるが、人手の探索時間を含めても棚卸しの総時間が短縮される。

【棚卸し・在庫確認とモノ探しの差異】

　棚卸し・在庫確認の場合、リストにある RFID を探しにゆく。RFID タグから一度でも返信があれば存在すると判断し、その RFID の探索は終了する。この使い方が一般的である。この場合、他のタグからの信号を受信してもアプリが無視する。また、どこにあるかの正確な判断はできない。電波の届く範囲に存在することが分かるだけである。

　一方、探索の場合は探索を中止するまで継続して発信・受信・判断を繰り返す。RSSI という信号強度を表す数値で遠近を判断する。しかし、タグの向きやタグとリーダ・ライタ間の状況、また電波障害によって信号強度が変化する。従って探索の際はリーダ・ライタの向きを180度変え、相対的に大きな信号強度の変化を生じさせる工夫が必要である。

【RFID の確認・探索と読み取りの差異】

　もう一つの注意点は、RFID タグの ID を正確に読むことが難しいという点である。特に距離が数メートル離れると読み取れないことが頻出する。また、ターゲットの RFID を読み取ろうとすると、読みたい RFID だけでなく近くにある RFID も読み取ることが頻出する。従って、RFID を読み取った後、その RFID を探索し正しいことを確認する必要がある。

　一回で正しく読むには、RFID でも近距離から読む必要がある。近距離で露出している物品の読み取りならば、QR コードの方が確実である。

【RFID へのデータ書き込み】

　RFID にデータを書き込む場合も注意を要する。書き込みには十分な時間を与え、書いた後は読み出して書いたデータを確認する必要がある。

　また、所望のメモリー容量がある RFID タグを調達する必要がある。一般的な RFID タグの EPC 領域は28ビットの16進数であり、USER 領域がない。USER メモリー付きのタグは高価になり、最大でも64K バイト程度であることを考慮する。詳細データを RFID タグのメモリーに書くのではなく、EPC 領域に格納した管理番号に対応する詳細データを、PC のデータベースやクラウドに格納し連携する方が安価で汎用性が高い。

【RFID タグ取り付けの工数】

　RFID タグを取り付ける方法と工数に配慮が必要である。本事例の場合は数万もの古い印版にタグ付けするのは不可能なので、使用される印版ごとに RFID タグを付けるようにした。

　また、印版が水で洗浄されることを考慮して防水性のテープで RFID タグを貼ることにした。

D. 投資の概要

　本事例の場合、RFID タグと RFID ハンディー端末だけなら投資総額は約30万

円であった。評価用の無料アプリがあり、評価はそのアプリで実施できた。しかし、スマホの操作に不慣れな作業者には操作が難しい。

　従って量産用のアプリ開発が必要になり、別途百万円超の投資が必要となった。アプリ開発では画面の数・機能によって価格が変わることを考慮し、画面の仕様など詳細な RFI/RFP を作成することが推奨される。

　さらに、既存の生産管理データベースに RFID を格納するフィールドの追加が必要となり約10万円の投資が必要だった。

　探索用アプリと称した既製アプリを評価したが、その既製アプリは探したい RFID の存在が確認されたら「探索終了」という機能だった。これは棚卸しや在庫確認には適した機能である。しかし、これでは場所を特定することはできない。モノ探しのための探索アプリは、所望の RFID がどこにあるかを特定するまで探し続ける必要がある。このように、探索用と謳っているアプリは「棚卸し用」か「モノ探し用」か、評価・判別する必要がある。

　RFID を活用したシステムを構築するには、ハードだけでなくソフトウェア開発を想定する必要がある。

E.　RFID の展開

　工場でのモノ探しの要求が高い業界にコンクリート工場がある。コンクリート工場では型枠の探索の需要がある。対象が金属、環境が野外、既存の型枠への RFID 取り付け方法など難題が多い。実証実験を実施し探索方法が開発できれば、本事例の QR コードによる RFID 取り込み機能と RFID の探索機能を流用できる。

　RFID 活用の事例は本項で紹介したモノ探しや、ユニクロの事例のような棚卸し・在庫管理・購入品の精算にとどまらず、以下の活用事例がある。

【トレーサビリティ】

　RFID はパッシブタグに対する期待が大きい。電池が不要で、必要な時に電波を照射してデータを呼び出せる点がユニークな特性である。「その特性を生かして、動物の皮膚下に RFID タグのカプセルを埋め込む、あるいはコンクリート製品に RFID を埋め込んで製造履歴をトラッキング」（藤本ら、2013年）するなどの応用例がある。

【位置情報】

RTLS（Real Time Location System）と呼ばれる位置情報システムでは、RFID タグの位置を逐一把握できる。ACCELIOT 社（旧 Mojix 社）（ACCELIOT 社、2020年）の STAR システムはパッシブ RFID タグを使う RTLS システムであり、荏原製作所（荏原製作所、2020年）や川崎重工（IBM、2017年）に導入された実績がある。しかし、導入には数千万円の投資となるため投資対効果を十分な検討をする。近年 BLE Beacon 技術を使った Quuppa 社（Quuppa 社、2023年）の屋内用 RTLS が登場しており、RFID の RTLS と比較して安価なシステムとなっている。

本事例では RFID を活用した業務改革により、印版探索専任への過度な依存を解消、印版誤使用を防止しただけではなく、担当者の突然の欠勤などの不測の事態に対して生産停止を回避できる健全な経営体制を構築できた。今後も印刷ラインへの IoT などのツールの導入などでライン管理者や機器担当者の負荷を減らすなどの改革（DX）に繋げられる第一歩となった。

〈参考文献〉

１．藤本郷史・吉峰侑吾・平原悠生・大久保孝昭（2013年2月）「パッシブ型 RFID タグ・センサを鉄筋コンクリート部材に埋設する場合の通信性能評価法、および壁・スラブ部材への適用」日本建築学会構造系論文集　第78巻 第684号、P.241〜249

２．Acceliot 社（2020年12月2日）「Acceliot's STAR System RFID accelerates IOT-driven digital transformation across industries」
https://www.acceliot.com/post/acceliots-star-system-rfid-accelerates-iot-driven-digital-transformation-across-industries（2023年4月14日閲覧）

３．荏原製作所（2020年3月5日）「富津工場で ACCELIOT 社 RFID システム「SART システム」導入による部品のリアルタイムロケーション管理を開始」
https://www.ebara.co.jp/corporate/newsroom/release/company/detail/1189391_1673.html（2023年4月14日閲覧）

４．IBM 社「川崎重工の航空機用部品製造の IoT 活用に RFID「Mojix」を採用」（2017年11月20日）
https://jp.newsroom.ibm.com/announcements?item=122462（2023年4月14日閲覧）

5．Quuppa 社「World's Leading Real-Time Location System（RTLS）for Indoor Tracking」

https://www.quuppa.com（2023年 4 月14日閲覧）

3節 生産管理システムの利用 (SRC コンクリート)

（1）企業概要

　SRC コンクリート株式会社（以降、S 社）は群馬県前橋市にて社員25名、年間生産量2万トンの工場を持つ、コンクリート二次製品の製造、販売を営む中小企業である。民間の工事へ安価で量産を目指した企業であったが、後継者不在に加え、成績が落ちていたこともあり、現在の経営陣に引き継がれた。新経営陣は、経営を立て直すために、現場に於いての管理レベルを高めることから始めた。そこで、コンクリート二次製品製造業界において広く導入されている生産管理パッケージソフトウエアが既に導入されているので、それを有効活用しようと考えた。

（2）問題点とアプローチ

A. 問題点

　コンクリート二次製品製造企業に幅広く導入されている M 社の生産管理パッケージシステムを S 社も導入している。しかしながら、当該パッケージシステムの機能を十分に活用できていないにも関わらず、システム利用料を支払続けている状況にあった。そのような状況の下、新しく就任した社長のリーダーシップのもと、既存パッケージシステムの未活用の機能を活用することで業務効率化により生産性向上を図ることを試みていたが、上手くいっていない状況であった。

　導入した M 社の生産管理パッケージシステムの機能を十分に活用できてないことは、導入のための投資に見合った回収ができていないことを意味する。更に、業務効率化を図ることで目指した生産性の向上ができていないことである。

　詳細は後述するが、この問題の原因はパッケージシステム導入時の検討が不十分であったためだと考えられた。

　システム導入時においては、自社の業務プロセスに対してどのようなシステムの機能を活用するのか検討を行った上で導入を行うのが理想である。特にパッ

ケージシステムにおいては標準機能の活用が前提となるため、導入時においては業務プロセスとパッケージ機能の擦り合わせを行い、必要に応じてこれまでの業務プロセスの変更を行うことも視野に入れて検討することが重要となる。しかしながら S 社においてはこのような検討が十分に実施されていなかった。したがってパッケージの機能と業務プロセスの擦り合わせが行われておらず、このことがパッケージシステムの機能が十分に活用されていない問題の原因であると考えられた。

B. アプローチ

前述したようにシステム導入を成功させるためには、導入時の検討が重要である。しかしながら S 社のように導入時において十分な検討が行われずにパッケージシステムを導入し、十分に活用されていない中小企業がある。このような中小企業においては業務効率化を図るためシステムの新規導入、取替え検討を行うことも 1 つの手段であるが、中小企業においては財務基盤も弱く、一度導入したシステムを活用できていない理由で取替えることは容易ではない。したがって、まずは現状あるシステムを可能な限り活用することで業務効率化を図り、中長期的に必要に応じて新規システムに取替えを検討することが有用であると考える。

このような考えから S 社において業務効率化を図るため、既存の生産管理パッケージシステムの未活用の機能を活用するための方法を立案、活用することとした。

（3）システム活用

A. システム活用

S 社で実際に適用した既存の生産管理パッケージシステムを活用するための方法を図表 4 −21に示す。

当方法は 6 つのステップからなり、各ステップの目的は下記の通りである。

① ヒアリング

パッケージシステム導入時において、どのような理由で導入し、導入にあたってどのような検討を行ったのか、また現在のパッケージシステムの利用状況と運

図表4－21　既存生産管理パッケージシステムを
活用するための方法

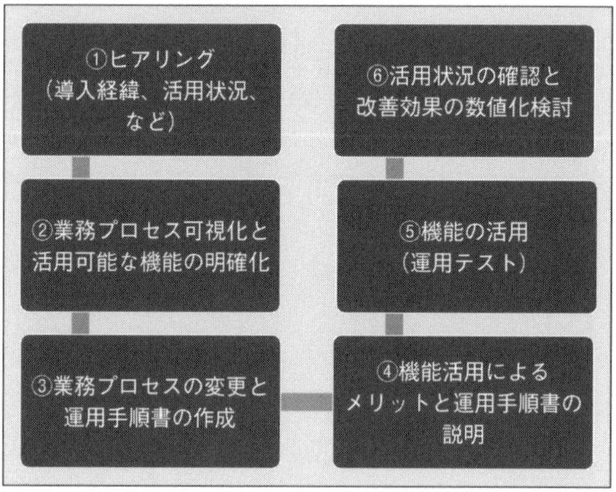

①ヒアリング （導入経緯、活用状況、 など）	⑥活用状況の確認と 改善効果の数値化検討
②業務プロセス可視化と 活用可能な機能の明確化	⑤機能の活用 （運用テスト）
③業務プロセスの変更と 運用手順書の作成	④機能活用による メリットと運用手順書の 説明

出典：著者作成

用手順書の有無、抱えている問題点を明らかにする。また社長の目指す方向性を
確認する目的でヒアリングを行う。

② 業務プロセスの可視化と活用可能な機能の明確化

　見積から受注、製造、出荷に至る、上流から下流までの各業務の可視化を行う
ために、各担当者の役割分担と業務プロセスを確認し、業務流れ図を作成するこ
とで可視化する。業務プロセスを可視化することで、パッケージシステムのどの
機能がどの業務に対して活用可能なのか確認、マッチングすることを目的に実施
する。

③ 業務プロセスの変更と運用手順書の作成

　②で確認した未活用のパッケージシステム機能の活用を図るため、担当者が自
身の業務でどのようにパッケージシステムの機能を活用すればいいのかを理解し
て頂く目的で、運用手順書を作成する。このステップでは必要に応じて業務プロ
セスをパッケージに合わせて変更することも検討する。

④　機能活用によるメリットと運用手順書の説明

　未活用の機能の活用にあたり、担当者の業務プロセスが、パッケージシステムの活用前後で変化する。そのため、担当者が当該機能を活用することでどのようなメリットが享受できるのかを理解しないと、現状の業務プロセスを変えることに対して抵抗する可能性がある。また、仮に活用頂いても継続して活用されなくなる可能性がある。そのためこのステップでは機能の活用によるメリットと、作成した運用手順書の説明を担当者に対して直接行い、メリットと機能の使い方を理解して頂く目的で実施する。

⑤　機能の活用

　このステップは実際に未活用のパッケージシステムの機能を実際のオペレーションで一定期間活用するステップである。

⑥　活用状況の確認と改善効果の数値化

　⑤の機能活用の結果、活用状況の確認を行い、各担当者からフィードバックをもらい、改善効果の有無を確認する。また改善効果を数値化することでメリットを可視化し、パッケージシステムを継続的に活用する価値を認識、共有することで継続的に活用するために実施する。

　以上の方法を実際に S 社にて適用し、既存パッケージシステムの活用を試みた。次項にその結果と方法論の有効性を示す。

B.　ヒアリング結果と方法論

①　ヒアリング結果

　S 社へのヒアリングの結果、次のような回答を得た。

　　1．現パッケージシステムは以前導入していたシステムの契約切れ時、業界で活用されているという理由で導入

　　2．各業務プロセスは担当者の暗黙知となっており、可視化されていない

　　3．現在システムの一部の機能しか活用できておらず、運用手順書は作成していない

　　4．パッケージベンダに活用方法を問い合わせても、自社の業務プロセス

図表4-22 M社生産管理パッケージシステムのS社での活用状況

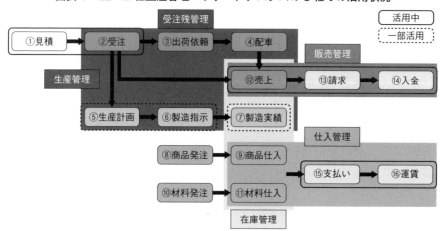

出典：著者作成

**図表4-23 M社生産管理パッケージシステムの
S社での活用率**

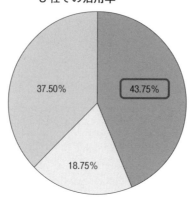

■ 活用中の割合　□ 一部活用中の割合　■ 未活用の割合

出典：著者作成

　　を把握していないためか、機能の説明はあるが話が噛み合わない

以上より、ヒアリングによりS社では過去パッケージシステム導入時の検討が

不十分であったこと確認した。

　また、図表4-22にM社の生産管理パッケージシステムのS社での活用状況

図表4－24　S社の業務と利害関係

No	業務内容	S社内の利害関係者					
		営業担当	在庫／実績担当	工場長	製造担当	出荷／配車担当	入出金処理担当
1	見積、受注作業	✓	✓	✓	－	－	－
2	生産計画、材料発注	✓	－	✓	－	－	－
3	製造指示／製造実績	－	✓	✓	✓	－	－
4	材料納品	－	✓	－	－	－	－
5	出荷依頼／配車	✓	－	✓	－	✓	－
6	売上／請求／入金	－	－	－	－	✓	✓
7	外部調達、販売	✓	－	－	－	✓	－
8	外部調達、販売、売上	－	－	－	－	✓	✓
9	外部調達、販売、支払い	－	－	－	－	－	✓

出典：著者作成

を、図表4－23に活用率を示す。全16機能のうち活用できている機能は7機能で活用率としては約4割程度に留まっていることを確認した。

② 業務プロセスの可視化と活用可能な機能の整理

S社の業務プロセスを確認したところ図表4－24に示すように9つの業務と6人の利害関係者がいることを確認した。

当情報をもとに各業務担当者にヒアリングを行い業務流れ図の作成を実施、そして業務プロセスの可視化と活用可能なパッケージの機能を明確化した。その結果パッケージの機能が活用可能な業務は、

・No.2 生産計画、材料発注
・No.4 材料納品
・No.5 出荷依頼／配車業務

の3つであることを確認した。

作成した業務流れ図は各業務に対して作成したため9つあるが、ここでは一例として、図表4－25に「No.5出荷依頼／配車」業務の業務流れ図を示す。当図において業務流れ図の破線部分の業務に対してパッケージの機能「③出荷依頼」、「④配車」が適用可能であることを確認した。パッケージ機能が適用できる3つの業務の中で「No.2生産計画、材料発注」、「No.4材料納品」にパッケージ

194

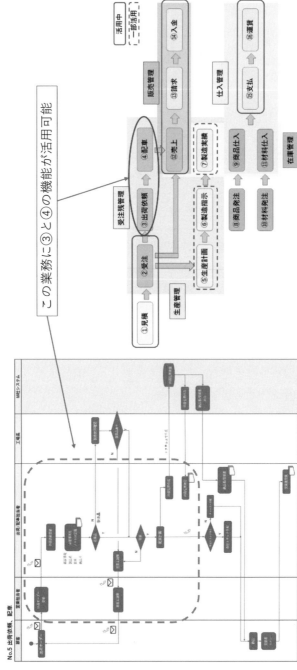

図表 4 −25　No.5出荷依頼／配車業務へのパッケージ機能適用

出典：著者作成

機能を適用するには約1,200種類の製品の部品表（BOM）のマスタ整備が必要であり時間を要する。従って最初のステップとして既にマスタ整備がなされており、すぐに対応可能な「No.5出荷依頼／配車」機能を活用することとした。そして当機能を活用するために必要な業務プロセスの変更を実施した。

③　業務プロセスの変更と運用手順書の作成

　図表4−26に「出荷依頼」「配車」機能を活用するために実施した変更前と変更後の業務流れ図を示す。変更点は下記の3点である。
- 　1つ目の変更点は、変更前は営業担当者が出荷／配車担当者に電話やメールで出荷依頼を行い、出荷／配車担当者が受領した出荷依頼を手書きのノートに記載し、出荷／配車を手配実施。それが変更後は営業担当者が直接システムに出荷依頼を登録することにより、出荷／配車担当者が実施していた手書きのノートでの管理が無くなり、担当者間の電話やメールでの調整頻度が低減したこと
- 　2つ目の変更点は出荷依頼情報がシステム上で登録されることで、変更前に出荷／配車担当者が実施していた出荷伝票作成作業がなくなったこと
- 　3つ目の変更点は出荷依頼情報がシステム上で一元管理されることで、顧客、営業担当者、出荷／配車担当者間の調整頻度が低減したこと

　そして変更後の業務流れ図をもとに担当者に「出荷依頼」「配車」機能を利用してもらうために運用手順書を作成した。図表4−27に「出荷依頼」と「配車」機能の運用手順書（抜粋）を示す。

④　機能活用によるメリットと運用手順書の説明

　業務担当者に新しくパッケージ機能を活用してもらうためには、前述したように業務プロセスが変わる。したがって業務を変えてでも新しい機能を活用してもらうためには、そのメリットを明確にして業務担当者へ説明、理解してもらう必要がある。そのためパッケージの「出荷依頼」「配車」機能を活用することにより期待されるメリットを図表4−28にまとめた。メリットの1つの例として、情報の一元管理により担当者間の調整頻度低減による業務効率化、顧客への製品誤配送防止が図れること。またノートでの管理不要、出荷伝票登録時間の削減などの業務効率化などが挙げられる。そして期待されるメリットと作成した変更後

図表 4 −26 変更前後の出荷依頼／配車業務流れ図

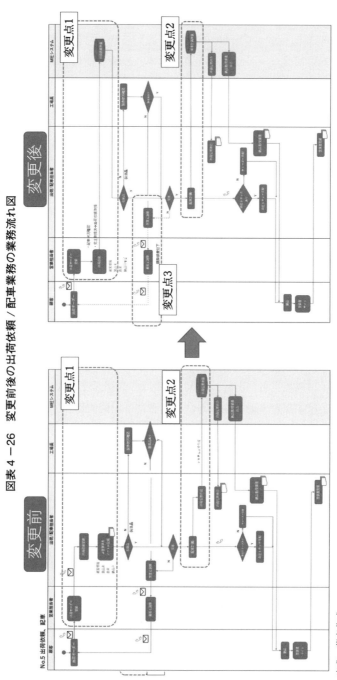

出典：著者作成

図表４－27　「出荷依頼」と「配車」機能の運用手順書（抜粋）

「出荷依頼」と「配車」機能の運用手順書

作成：xx/yy/zz

1.背景・目的

　現在、出荷依頼業務と配車業務は担当者間での電話のやりとりや、手書きノートでの情報管理にて業務が行われています。一方で「M社のパッケージシステム」には「出荷依頼」と「配車」機能があるが、現在活用されていない。当手順書はこれらの「出荷依頼」と「配車」機能の活用を図る事で、現状の電話や手書きノートでの管理業務から脱却し、出荷依頼、配車手配業務の効率化を図る事を目的としています。

2.前提

　M社のパッケージシステムの「出荷依頼」、「配車」機能を利用する前提として、受注情報がM社パッケージシステムにて登録（確定）されている事が前提となる。従って利用にあたっては下記が必要となります。

- 見積書作成済みの受注を確定する（営業担当者）
- 見積書を作成していない受注に関しては、新規受注として登録、確定する（営業担当者）

3.手順

　下記に「出荷依頼」と「配車」機能を利用するための手順を記載します。

3.1 出荷依頼（営業担当者）

　①営業/販売メニューから受注処理をクリックします

出典：著者作成

　の業務流れ図、運用手順書を説明会にて各業務担当者に説明した上で、実務にて「出荷依頼」「配車」機能の活用を行った。

⑤　活用状況の確認と改善効果の数値化

　実務での機能活用に対する各担当者からフィードバックを得た。フィードバックとして営業担当者からは、「他の営業担当者の出荷依頼情報がシステム上で確認できるため、自分の顧客の出荷調整がしやすくなった」、「出荷調整の連絡回数が減った」といったコメントや、出荷/配車担当者からも「調整の連絡回数が減っている」、「ノートに手書きで管理する必要が無くなった」、「配車手配に手間がかからなくなった」、「出荷依頼内容を間違うことが無くなった」といった前向きのコメントを頂くことができた。

図表 4 −28　「出荷依頼」「配車」機能活用により期待されるメリット

機能	期待されるメリット
出荷依頼	電話による情報伝達が無くなり、受注から出荷依頼までパッケージシステム上で情報の一元管理が可能 ・担当者間の確認作業の効率化、顧客への誤配送防止
	責任の所在が明確になる
	他の営業担当者の出荷依頼情報が可視化され、出荷、配車担当者への問い合わせ回数削減
	業務流れ図を活用することで教育訓練に活用可能
配車	受注情報〜出荷依頼情報の一元管理による業務効率化 ・ノートへの記載時間、システム上での受注情報検索、出荷伝票登録時間の削減
	ノート管理不要　⇒　出荷依頼、配車依頼が記録　⇒　データ紛失リスク削減
	出荷依頼、配車依頼記録が残るため、後から分析可能
	属人化の排除
	業務流れ図を活用することで教育訓練に活用可能

出典：著者作成

図表 4 −29　機能活用前後の機能の活用率

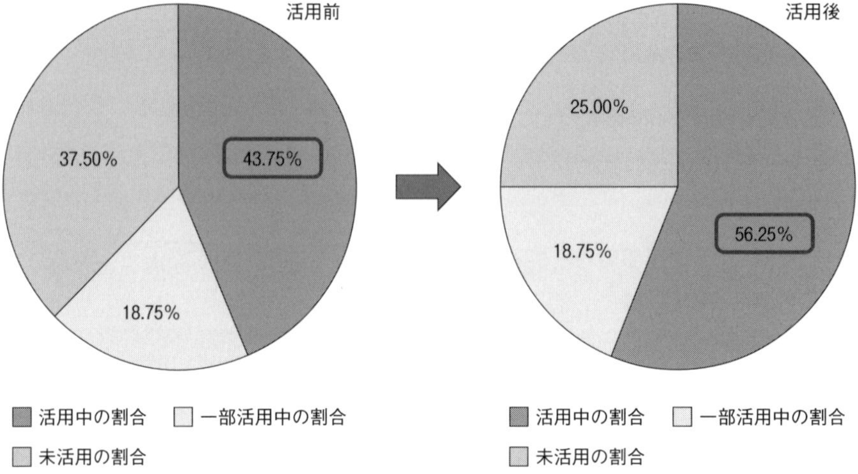

出典：著者作成

　そしてこれらのメリットを定量化した。定量化のために考慮した項目は「１．業務効率化による業務工数削減」、「２．情報の認識違いによる出荷の誤配送や、前日の配車キャンセル削減によるコスト削減」の２項目である。情報の一元管理により担当者間の１日当たりの問合せ回数が50〜80％削減でき、１つ目の項目

で約364万円 / 年のコスト削減、また情報の認識違いが無くなることで、 2 つ目の項目に関して約31万円 / 年のコスト削減が図れ、合計で年間約400万円弱のコスト削減効果が得られることを確認した。これは従業員 1 人雇用可能なコストに相当するため、 S 社社長にも満足を頂いた。また図表 4 −29に機能活用前後の機能の活用率を示す。機能の活用率も約44％から約56％に改善した。これは活用率 1 ％の改善あたり約33万円 / 年のコスト削減効果であることを確認した。

（4）結果と考察

A.　方法論の有効性

　S 社にて十分に活用できていない生産管理パッケージシステムの機能を活用するために、活用方法を立案し実際に実務で活用を試みた。結論として今回立案した方法は有効であったと考えられる。実際に当方法を用いることで既存パッケージシステムの機能活用が可能となり、業務効率化によるコスト削減効果も確認できた。そして S 社の社長からも当コスト削減効果について同意を得られたためである。

　ここで筆者は、「業務プロセスの可視化」が特に重要であったと考えている。パッケージシステムは標準機能の活用が基本であるが、導入企業における担当者の役割分担が必ずしもパッケージシステムの標準機能をそのまま活用できる役割分担にはなっていない。S 社においても出荷 / 配車担当者が営業担当者の業務を一部実施しており、機能活用をするにあたり業務プロセスを変更して当該業務を営業担当者に実施して頂いた。このようにパッケージシステムの機能活用の前提として、担当者の業務の役割をパッケージシステムの機能に一致させることが必要であり、そのためには「業務プロセスの可視化」が重要である。そして一致させることができれば「運用手順書」を作成して実際に活用可能となると考えられるためである。

B.　生産管理パッケージシステムによる DX

　中小企業のパッケージシステム活用の問題点はこれまでも指摘されていたものの、パッケージシステムの取替えを行わず活用するための解決策を示した今回のような事例は数少ない。

　パッケージ導入時によく「パッケージに業務を合わせますか、業務をパッケージに合わせますか」という質問が出る。つまり、合っていないことが普通なのだ。ということは、パッケージを入れることは業務の変革に繋がるのだ。これはまさに「生産管理パッケージシステムを活用した DX」である。

　中長期的な視点ではより業務効率化が図れるパッケージシステムへの取替え検討や新規システム開発も検討していくべきと考えるが、財務基盤の弱い中小製造業が、短期的な視点で既存パッケージシステムを最大限活用することで資本の有効活用を図り、迅速に業務効率化、生産性向上が図れる点が本事例の意義であると考えている。また今回の活動を通して S 社内で業務改善を担当する職位も設置されるなど、社内における業務改善の意識が高まっていることも確認した。このような意識の高まりが社内で拡大、蓄積されることでより生産性が高まり、そして改善意識が根付いた企業文化への変革に繋がるものと考えられる。

　尚、今後の課題として下記 3 つがある。

- 　1 つ目は本事例おいて活用した「出荷依頼」、「配車」機能以外の未活用の機能の活用を推進すること
- 　2 つ目は経営方針や戦略が変更となり業務プロセスが変更となった場合、作成した業務流れ図や運用手順書の改訂など、維持管理する仕組みの構築すること
- 　3 つ目は S 社ではパッケージシステムの活用経験が長いユーザーが 1 人いてベンダとの窓口となり、他のユーザーが困ったときにはその人に聞く体制であるが、当保守体制を維持していく仕組みを構築することである

　最後に、中小製造業においては生産管理パッケージシステムの導入、活用検討の実践ができる人材の確保は難しい。だからこそ専門知識を有した外部のコンサルタントの支援が必要であり、重要であると考える。

〈参考文献〉——————————————————————————

1．株式会社サン・プランニング・システムズ（2015）「良いフローチャートと悪いフローチャート」https://kashika.biz/download/#kaizen よりダウンロード（2023/4/14 閲覧）

4節　コンクリート二次製品工場の DX化（T社）

（1）企業概要

　T社は1950年代設立以来、河川用の護岸ブロックや道路用の擁壁、側溝、縁石、その他、水路用の製品など、さまざまなコンクリート二次製品の製造・販売を行っている。安全安心に暮らせるための社会づくりの一翼を担うべく、社会のニーズに適した製品の開発や安定した高品質の製品を製造し、いち早くSDGsへの取組みを進めており現在は、従業員を約30名抱える企業である。製品例を図表4－30に示す。

　コンクリート二次製品業界は、公共工事向けの割合が多く、公共事業予算の影響を受ける。図表4－31に示すように、公共工事当初予算は、平成24年度に底打ちして、増加基調となったが、平成27年度から横ばいとなり、今後、人口減少の進む中、新たなインフラ整備は減少し、既存設備の維持管理へと役割を変え、縮小均衡型の市場へと変わっていくものと考える。加えて、この業界では中小企業が多く、少子高齢化や離職率の増加などの要因により国内の人手不足が深刻化するなか、特に、建設業と同様、現場作業であるため人の集まりにくい業種である。

　縮小均衡型の市場の中で、生き残っていくためには、現状の体制を維持しながらも、従業員の負担を減らすためにデジタル化の推進による効率化で生産性向上

図表4－30　製品例

出典：T社製品写真

図表 4 −31　公共事業関係費の推移

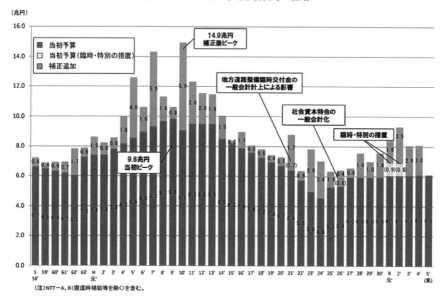

出典：財務省「令和5年度政府予算案」

を図り、原価を下げ、利益の出やすい体質へと改善していく必要がある。

　また、現有の人員体制で従業員の働きやすさを改善するために、休日を増やし残業を減らす取組みを行っている。しかし、これまでの対策は、作業者の熟練度を上げるための教育と現場コミュニケーションの醸成が中心である。そのため全体的な作業効率改善の成果が得られるまでには時間を要していた。

（2）問題点とアプローチ

A．戦略の検討

　コンクリート二次製品業界では、主要顧客である公共団体の土木工事へ柔軟に対応することが重要である。毎年の予算把握や工事の進捗を常に注視しながら生産量を勘案しているが、予定以上に部材が必要になることもあり、ある程度の完成品在庫があることで売上増に繋がったという経験を持っている。このことから、どの企業も完成品在庫を多く抱えている体質になっている。過大な完成品在庫は棚卸在庫の増加となり、コストアップの原因になる。コンクリート二次製品

工場は受注生産をしている工場なので、理論的には在庫は完成して出荷されるまでの最小期間で良いはずである。コンクリート製品は完成後、コンクリート強度が一定の水準以上となるよう、出荷まで一定期間保管される。これを養生期間と呼び、本工場では 2 週間と定められている。しかし、多少の在庫を持つことで売上増に貢献できるこれまでの経験を継承するとすれば、注文量以外に戦略的に在庫を持つことを経営戦略として設定している。

　　実際、T 社に於いても年度を跨ぐ在庫が見られる。あまり長期の保存となれば品質の劣化もあり、使われずに廃棄される在庫も発生し、産廃費用の発生となる。そこで、何となく在庫を抱えることを止め、どのくらい在庫を抱えることが合理的なのかを検討する必要がある。

B.　生産計画立案方法の提案

　　合理的な在庫量の設定のために、過去の生産量、出荷量、在庫量のデータから品切れの無いように在庫を確保するための適正な在庫量を安全在庫の考えを使って求めることにした。図表 4 - 3 の現状の欄にある主要 6 品目の生産量と出荷量と在庫量から、式（4 - 6）で提案する生産量を求める。式（4 - 6）の安全在庫量は式（4 - 7）で求める。また、データから季節的要因があることに気づき、季節指数を加味し季節指数は式（4 - 8）で求めた。

$$P_{i,t} = \max(D_{i,t} + S_i \times SI_{i,t} - I_{i,t-1}, 0) \qquad \cdots\cdots(4-6)$$

　　$P_{i,t}$ ：品目 i, t 期の生産量

　　$D_{i,t}$ ：品目 i, t 期の需要量

　　$I_{i,t}$ ：品目 i, t 期の在庫量

　　S_i ：品目 i の安全在庫量

　　$SI_{i,t}$ ：品目 i, t 期の季節指数

$$S_i = SD_i \times k \times \sqrt{LT_i} \qquad \cdots\cdots(4-7)$$

　　SD_i ：品目 i の需要量の標準偏差

　　k ：安全係数

　　LT_i ：品目 i の生産リードタイム

　　S_i ：品目 i の安全在庫量

$$SI_{i,t} = DA_{i,t} \div \Sigma_{t=1}^{12} DA_{i,t} \qquad \cdots\cdots(4-8)$$

図表 4 −32　主要 6 品目の生産量・出荷量・在庫量

品目	現状			改善案			改善効果	
	平均製造量	平均出荷量	平均在庫量	平均製造量	平均在庫量	安全在庫量	製造削減率	在庫削減率
品目 A	193.5	251.1	908.1	274.0	227.3	172.0	−42%	75.0%
品目 B	290.1	314.4	758.2	303.3	186.9	186.0	− 5 %	75.3%
品目 C	98.2	64.2	567.9	61.5	53.3	46.0	37%	90.6%
品目 D	16.6	17.7	121.2	8.3	30.9	22.0	50%	74.5%
品目 E	33.5	46.2	97.2	35.3	29.6	34.0	− 5 %	69.5%
品目 F	18.0	16.5	92.7	5.1	23.1	28.0	72%	75.1%
平均							17.9%	76.7%

出典：参考文献［1］

$DA_{i,t}$：品目 i, t 期の過去の平均需要量

　提案した式を用い平均出荷量において算出した安全在庫量、平均製造業、平均在庫量を図表 4 −32の改善案の欄に示す。これにより、平均製造量は品目によるバラつきはあるが全体として17.9％削減し、平均在庫量は全品目平均で76.7％削減可能であることが分かった。

C.　生産計画実行率の検討

　実は、完成品在庫を保有しているのにもう一つ理由があることがわかった。それは生産計画の達成率が低いことだ。そのため出荷が間に合わない場合は達成するために残業や休日出勤している。働き方改革が叫ばれる昨今、求人の難しさも考慮したら、休日出勤や残業は抑えるべきである。つまり、上記の生産計画で在庫削減を実現するためには、現場の改善も必要であることが分かった。

　生産現場では図表 4 −33に示すように工程は大きく①脱型②清掃・組立③打設④小手均しの 4 工程で、これを 7 人の作業者でこなしている。 4 つの工程を終えたら、コンクリートが固まる時間を早めるために蒸気をかける養生室に入れる。各工程での作業時間は、生産される品目によって大きくバラついている。作業時間がバラック結果、忙しい作業者と比較的暇な作業者が出てくることがあり、 7 人の作業者は相互に助け合って当日の生産量をこなしている。問題として、どの工程が遅れているのかが一目には作業者にはよくわからないので、効率

図表4-33 工程の説明

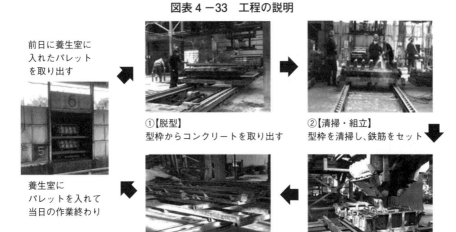

前日に養生室に
入れたパレット
を取り出す

①【脱型】
型枠からコンクリートを取り出す

②【清掃・組立】
型枠を清掃し、鉄筋をセット

養生室に
パレットを入れて
当日の作業終わり

④【小手均し】
コンクリートの表面を綺麗にする

③【打設】
型枠にコンクリートを入れる

出典：著者作成

的に相互支援が行えていないことがわかった。

　そこで、どの工程も同じ作業時間にするべくタクト生産方式を取る事を考えた。当然、生産品目の違いで工程ごとに生産時間が違うのは仕方がないので、設定したタクトタイムに対して、夫々の工程がリアルタイムでどれだけ遅れているのか、また、進んでいるのかを判定し、遅れている工程に進んでいる工程の作業者が支援に行く仕組みとすれば、予定の生産計画を達成することに近づくのではないかと考えた。

　進捗の程度の判定には、区域を設定してその区域にパレット入ってから出るまでの時間をタクトタイムと比べればわかる。それを皆に見えるようにパネルに表示すれば、各作業者は何をすれば良いか自動的に判断が付く。このIoTを使ったプロセスを次項でシステム化する。

（3）システム構築

　システム構築の前に基本的な工程の流れを現状の工場レイアウト図「工場システム配置図（設置前）」（図表4-34）に沿って説明する。

　毎朝の操業開始時には、図表4-34の左側に9つある養生室の中から型枠パ

図表4−34　工場システム配置図（設置前）

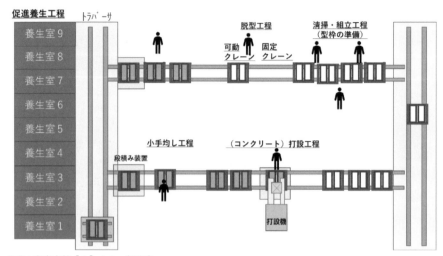

出典：参考文献［１］より一部改変

レットを取り出して、レール上を型枠パレットが移動して脱型工程で製品を型枠から外す。外された製品はヤードへ運搬・積み付けられる。一方、空になった型枠は、清掃され、新たな鉄筋をセット・組立工程を経て、トラバーサで打設工程へ移動する。打設工程でコンクリートが流し込まれ、小手均し工程で平らに調整され、最後にトラバーサにより養生室に入る。工程ごとに担当作業者が決まっている。

　タクト生産方式を実現するために遅れている工程に余裕がある作業者が応援に行く相互支援方法をシステム化する。工程の見える化ツールとしてIoTを考え、リアルタイムに取得した各工程の始点と終点のデータから製品の滞留時間を計算し、事前に監督者が設定したタクトタイムと比較することで進捗評価を行う。また、タクト時間を守る仕掛けとして、現場にモニタとしてタブレットを導入した。モニタが示すのは、該当工程が予定より遅れているため応援が必要という場合には赤信号を出す。各工程の作業者への指示を視覚的（作業者が焦って品質に問題がでないよう）に知らせる信号方式である。ライン上に設置したIoT機器と現場に設置したモニタを図表4−35（右側）に示す。（詳細のIoT機器構成は第3章5節（1）Cに示す。）

　尚、データ取得装置を選ぶに当たり作業者に作業を増やさないことを念頭に置

図表 4 −35　取り付け IoT 機器（左）と現場設置モニタ（右）

出典：参考文献［1］より一部改変

　いた。最初は距離センサーを使用し検証を行ったが、清掃時の水滴やコンクリートの破片がセンサーに入ることで誤検知が起こり正確なデータ取得ができず、確実に動作させるために物理スイッチが良いと考えて簡易的なリミットスイッチを使用したが、作業者の方と接触することやパレットが逆流した際に折れてしまうことでデータの取得ができないといった試行錯誤を重ねている。

　システム構成図を図表 4 −36に示す。型枠パレットがレール上を移動し、指定の場所に設置したリミットセンサ上を通過することで Wi-Fi に繋がった IoT デバイスが Google ドライブのスプレッドシートに日時とカウントデータが蓄積される。データを必要に応じて加工して、現場モニタに信号方式で遅れている工程（赤）や余裕のある工程（青）を知らせ、遠隔確認として監督者や営業等進捗確認ができる仕掛けとなっている。

　構築したシステムを図表 4 −37に示すように各 4 工程の始点と終点を決め IoT 機器を導入し、作業者全員が工程毎の進捗状況を確認できるようにモニタを設置、各製品の定位置を決めスプレーを引くことにより移動場所を確定させて終点は分かりやすいよう色を変えて線を引いた。

図表 4 −36　システム構成

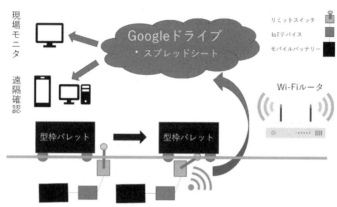

出典：参考文献［1］より一部改変

図表 4 −37　工場システム配置図（設置後）

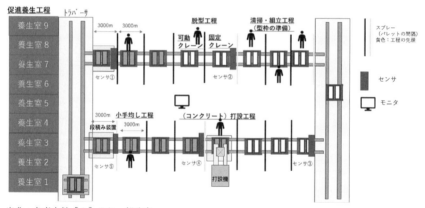

出典：参考文献［1］より一部改変

（4）成果と考察

　成果の確認のために 2 日実証を行った。共に IoT を導入して工程の見える化を行ない時間を計測及び記録した。リアルタイムで計測時間と計画時間の差を取り、モニタを設置していない日を「モニタなし」とし（通常日）、モニタを設置した日を「モニタあり」とする。生産実績（品目別の作業時間）を同一の 4 品目ピックアップした結果を図表 4 −38に示す。モニタなしからモニタありの作

図表4－38　成果

	基準タクト合計 (工程基準タクト×4)	作業時間（4工程合計）		作業時間の短縮率	基準タクトに対する超過率
		モニタなし	モニタあり		
	（1）	（2）	（3）	（（2）－（3））/（2）	（3）/（1）
品目1	34	122	106	13%	3.1
品目2	30	81	51	37%	1.7
品目3	34	104	82	21%	2.4
品目4	20	95	66	31%	3.3
平均	29.5	100.5	76.3	25.5%	2.6

出典：参考文献［1］

業時間の短縮率は平均25.5％と短縮効果があった。ただし、基準タクト（監督者が事前に予定した時間）に対しては超過率が平均2.6となっており、1を超えているため基準タクトまでは削減できていなかった。

　企業からIoTシステムを導入して最も良かったと評価された点は、人が指示しなくともチームとしての生産能力を向上することができたことである。タブレットの表示をもとに、現場でコミュニケーションが生まれた。

　また、赤信号が出た場合には担当者と協力者が一緒になって挽回を図り、赤信号を消していくこととなるが、担当者も協力者も楽しみながら挽回作業を行っていたところが印象的であった。

　人間があれこれ指示を出すより、IoTシステムによる指示の方が、人間関係がくずれることなくチーム力が上げられるとのことであった。IoT化は作業者を管理する仕掛けとの悪いイメージもあるが使い方次第である。

　その他フィードバックについては、
・実績データを取れることで生産性の継続的な向上ができる
・信号表記のため分かりやすく短時間で効果を得られた
・実績データ蓄積により現実的な生産計画ができる（現場に負担をかけない）
・計画と実行を近づけることで在庫削減
・監督者が工場にいなくても進捗確認（製造後気になった箇所を確認できる）
・営業が出先で進捗確認（出先で進捗に応じて特急注文できるか確認）
というメリットがあった。

　スモールスタートにより効果を実感したが、今後モニタ活用への慣れと定量的な現場の改善活動により生産性向上し、製品別の実績データを元に精度が高い計

画立案を実現できるものと考える。

　T社の基本戦略は、業界では常識であった完成品在庫過多の削減による様々なコストの削減であった。安全在庫を考慮した生産計画の立案方法の導入と IoT モニタによる相互支援で、現場の生産計画達成率を向上させ完成品在庫削減に成功した。業界の常識のブレークへと変革（Transformation）に繋がった。

〈参考文献〉

1．川越敏昌、山下敬寛、藤川裕晃（2023）「コンクリート二次製品工場における DX のための生産進捗検知と信号による管理方式の提案」日本設備管理学会誌、第35巻、第1号、P.8〜14

2．T社製品写真

3．財務省・令和5年度予算政府案（2023）「令和5年度国土交通省・公共事業関係予算のポイント」
https://www.mof.go.jp/policy/budget/budger_workflow/budget/fy2023/seifuan2023/17.pdf（2023年4月18日閲覧）

4．IoT 検定ユーザー教育推進 WG．（2020）『IoT のしくみと技術がこれ1冊でしっかりわかる教科書』技術評論社

5節 部品加工業の DX（スバル工業）

（1）企業概要

　スバル工業株式会社（以下、S 社）は設立1977年、資本金1,000万円、所在地は群馬県館林市である（図表４−39）。業種は、金属加工及び精密部品加工である。従業員14名（同社ホームページより）の中小製造業である。

　ステンレス、アルミニウム、鉄、銅、真鍮といった様々な種類の材質の素材を使用し、主に医療機器向けの精密部品を製造している。月産100〜200アイテム、10〜30万個の生産規模である。

　生産の流れは、受注した製品を CAD（図表４−40参照）や AI ソフトを活用して設計図を興し、NC 旋盤などの20数台の工作機械で金属加工を行い、品質チェックを経て出荷される。取引先は、医療を中心として多岐にわたっており、建機・家電・エネルギー産業などへも納入実績がある。

　外部連携も活発で、群馬県立産業技術センターからの技術・研究協力のほか、県内の大学・高専との連携による専門技術・ノウハウの確立を積極的に進めている。さらには、その取り組みを発展させ、小規模事業者のネットワークまで取り

図表４−39　S 社の外観

出典：スバル工業より提供

図表 4 −40　CAD での入力

出典：スバル工業より提供

込んだ産・官学の連携によるオープンイノベーションへの取り組みを進めている。

　S 社が DX を進めることになった 1 番の理由は、何より社長の熱意が挙げられる。DX を進めるには経営者のリーダーシップが欠かせないが、社長の意識が社員を動かした好例であると言える。

　S 社が順調な導入ができたのは、人材確保ができたことが大きな要因である。また新型コロナウイルス感染症の流行も同社の DX 化推進を後押しした。

　なお、S 社の人材育成体制としては、商工会議所でのパソコン教室等の研修に積極的に社員を参加させ、社内全体の IT リテラシーの向上に努めていることである。この規模の企業において現場を離れ研修に社員を送り出すことは中々できることではなく、このことからも DX 推進に対する意識の高さが見て取れる。さらには、1 日 1 時間スキルアップのための時間を設定し、個々の従業員のスキルアップを図っている。

　組織体制は 4 つの部門から構成されており、デジタル部門、製造部門、生産管理部門、品質管理部門となっている。DX 推進の中心となっているのは、デジタル部門と品質管理部門の責任者 2 人である。

（2）問題点とアプローチ

A．経営戦略

　S社の属する金属加工業界はライバルの多い業界である。工作機械と加工技術があれば1人でも受注して加工することができるので、多くの中小企業が乱立している。それだけライバルもいるということは、需要もある証拠でもある。図表4-41によれば、企業規模別の生産性は、当然、企業規模が大きい方が一人当たりの出荷額も付加価値額も多いことがわかる。

　企業規模の小さなS社は規模の大きなライバルに比べて生産性が低いと考えられる。業界での競争条件は、Q（Quality 品質）・C（Cost コスト）・D（Delivery 納期）が主要な指標である。

　どの企業もQ（品質）については、しのぎを削っており、品質面の差はそれほど出ないということだ。そうすると、次にC（経費）が第一の競争要因となる。ここにおいても差が出ない場合は、D（納期）が最大の競争要因である。D（納期）を優位に同業他社との差別化を図り、取引先から選ばれる企業となることを目指すこととなる。

　この競争状況に対してS社として戦略を練ることとする。高品質は必須である。まず品質が劣ってしまえば、北関東地区では俎上にも上れない。次に、新規

図表4-41　金属部品加工業　従業員1名当たりの出荷額、付加価値額

金属部品加工業　従業員1名当たり　　　　　　　　　　　　　　　　（百万円）

	事業所4名以上		事業所4名～30名未満		事業所30名以上	
	一人当たり製造品出荷額等	一人当り付加価値額（従業員29人以下は粗付加価値額）	一人当たり製造品出荷額等	一人当り付加価値額（従業員29人以下は粗付加価値額）	一人当たり製造品出荷額等	一人当り付加価値額（従業員29人以下は粗付加価値額）
2014年	37.9	12.4	15.4	7.6	44.1	13.7
2015年	39.2	12.7	15.7	8.2	45.4	13.8
2016年	38.3	12.2	15.8	7.9	43.8	13.3
2017年	39.5	12.6	16.4	8.1	44.9	13.6
2018年	40.4	12.5	16.6	8.2	45.9	13.5

出典：モノづくり企業戦略考察ブログ　https://inouemasashi.com/perspective-of-consultants/manufacturing-industry/　（最終回覧　2023年4月25日）

の顧客の場合には、コストは競争要因である。材料費や機械の加工時間は削れない。機械設備を使っていかに効率的に作るかである。すなわち機械の稼働率を高めるスケジュールを立て、実行することが必要となる。よって受注〜生産〜納入の確実かつ迅速なオペレーションの仕組み化をS社では目指した。以前は成り行きの生産管理であったが、進捗状況の見える化から管理レベルを上げていった。

B. オペレーションの見える化

　オペレーションの見える化の実現に向けて、まずは取引先より見積依頼が来た時の業務の流れに沿って検討を進めた。

　S社では、取引先より依頼が来た案件について、価格を即答することが競争に勝つ第一歩と考えた。発注される図面のCADデータとAIを活用して、使用する加工機械及びその加工方法、加工の難易度、リスク要因からコストを推定する仕組みの開発を行った。仕組みはすぐに構築したが、結果をうのみにせずに安全を考えてシステムで算出されたコストの内訳を人間がチェックを行い、妥当なものへと修正したうえで提出することとした。

　次に、受注された注文は生産スケジュールとして入力され、日ごとに負荷計画として画面上に表示する。負荷が一目でわかる仕組みがあれば、顧客の進捗確認への対応も簡単にできるし、リスケ要求にも即応できる。ライバルには、そこまでの仕組みはない。現在の作業計画はそれ程複雑ではないので、人手で行っている。日々の作業状況により、担当者間で修正を図りながら運用している。将来の生産量増加に備え、スケジューラの導入・検討を進めている。

　生産計画の次に、生産実績の収集を検討した。工作機械のデータを自動的に取り込む仕掛けを外注するには多額の費用がかかる。現状は、設備担当者の手動更新の仕掛けとした。将来的には、例えば画像処理や外付けカウンターを用いた内製化により、リアルタイムでのデータの自動取得も目指している。

　品質管理は、DX化が進んでいない。現在生産開始前の人手で検査、生産開始後の朝、昼、夕の1日に3回の工程内検査を実施している。検査工程で異常が発見できなかった場合、ロットが全て無駄になってしまうこともある。従って、この工程を自動測定にしていく検討をしてはいるが、現状では導入に至っておらず、今後の課題である。

（3）システム構築

　S 社では、DX 化の手順としては、納期遅延を解消するための生産計画の仕組みづくりから始めて、次に、機械の状態を見える化するための遠隔稼働監視システムの導入を図った。

　生産計画システムとして、自社の社員がエクセルを活用し、生産計画を立てることのできるシステムを目指した。システムの概要については図表 4 −42に示す。

　注文票を取引先より受領したら、各従業員がエクセルの注文管理表シートに注文票の内容を転記してデータベースを作成する。

　そのデータベースからデータを引用することにより、生産計画や生産状況、在庫数の把握、納品書、請求書の出力ができるというものである。

　このシステム導入により、納期の遅延の解消が図れたこと、取引先への納期の回答が迅速かつ正確にできるようになった。

　さらに、S 社では品質管理部門において、DX 化の前段階として現場でのエクセル活用による見える化を行っている。目的は現場のトレーサビリティの確保である。導入以前はデータの入力フォームがありすぎて、たくさんのホルダーの中でどれに入力するか分からない、どのホルダーを開けば欲しいデータがあるか分からないといった問題が生じていた。

　そこで、閲覧を簡単にできるベースとなるシートを作成し、リンク先の作業入力画面がワンクリックで出てくる。つまり見たい資料がワンクリックで出てくる

図表 4 −42　Excel 活用による生産計画の見える化

出典：著者作成

図表4－43　現場作業の見える化の仕組み

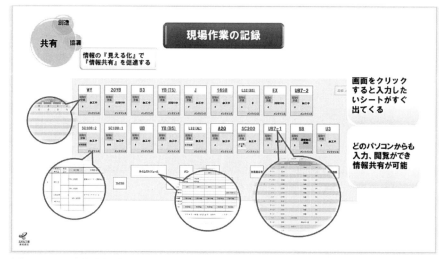

出典：スバル工業株式会社提供

仕組みを構築した（図表4－43）。各担当者が各々のパソコンから同じ作業をすることができて業務の効率が向上した。

　最後に、遠隔稼働監視システム（図表4－44～45）については、大手システム会社のものを使用している。これは日本の製造業を代表する企業の生産システムで、このシステムを選んだ理由は、イニシャルコストが安いことと、装備を選ばず連携がしやすいためであった。

　本システムの導入により、機械の稼働状況の可視化が図れ、ムダな停止時間を減らした結果、機械稼働率が格段に上がり生産性の向上が図れた。

　導入した遠隔稼働監視システムもまだ一部の機能しか使いこなせておらず、費用対効果の面で課題がある。更なる活用範囲の拡大や必要な機能を組込んだスクラッチ開発など、次の展開を検討している。追加投資に対しては、ものづくり補助金の活用も検討している。

（4）成果と今後の展開

　S社のDX化においては、第一に日々のタスクやプロジェクトの進捗を大型ディスプレイ上に表示することで、生産の進捗状況の見える化を実施した。その

図表４－44　遠隔稼働監視モニター（三菱電機製）

出典：スバル工業株式会社提供

図表４－45　遠隔稼働監視システム画面

出典：スバル工業株式会社提供

図表4−46　受賞式の様子

出典：スバル工業株式会社提供
向かって右側がスバル工業株式会社代表取締役の野村
秀則氏

　結果、迅速かつ正確に納期までのスケジュールに従って生産が進められるように
なり、生産管理の効率を大幅に上昇させた。それにより、戦略目標としていたライ
バルよりも安い見積でより納期に柔軟に対応できるようになり、差別化が図れ
るようになった。

　第二に機械の作動音や手触りなど、職人の経験や勘に頼ってきた加工技術を細
かにデータ化して属人的になりがちなノウハウを標準化することで、従業員の誰
もが熟練技能者と同じ品質水準が達成することができるようになった。そのこと
で均質で安定した品質を提供できるようになった。仕事の見える化を進めること
で生産性の向上を実現できた実例である。

　今後、受注から生産及び納品まで一連のシステムとして完成したら、パッケー
ジ化して同業各社に販売することも考えている。更に、同業他社と顧客を集め
て、調達プラットフォームを運営する構想である。顧客から製品の仕様と希望価

格・納期の情報を集めて、その範囲内で生産・納品できる同業者をプラットフォームで募って業務委託する。顧客の希望価格以下にできれば差額の何パーセントかを紹介料として得ることで利益を上げるビジネスモデルも可能となるだろう。

　社長は「DX 化の最終目標は労働生産性の向上である。将来的には現在の 2 倍、3 倍にまで上げていきたい」と語った。DX 化を進めた担当者は「人がミスを犯して責任を感じるような嫌な思いをすることは極力なくしていきたい。DX 化を進めることで、ヒューマンエラーを無くし、安心して気持ちよく働ける職場環境を作っていきたい」と語った。DX はこれで終わりではなくて、むしろ始まりである。今後も品質管理のインライン化の実施など、残っているテーマで何度も変革のループを回して行かないと差別化の優位性はすぐに失われてしまう。

　なお、この DX 化による成果が評価され、S 社は2023年経済産業省 DX セレクションの優良事例20社に選ばれた。図表 4 −46は受賞式の様子である。

第5章

DX を成功に導く鍵

1節　経営戦略の重要性

（1）戦略の明確でないプロジェクトは上手くいかない

A．プロジェクトと戦略

　企業がプロジェクトと言って行う業務は、商品開発、情報システム開発、設備投資、など重要な業務である。全社の経営資源を集めて、最善を尽くすことは当然であり、失敗が許されない業務である。本稿で扱っている DX も当然重要プロジェクトとして推進される。

　プロジェクトに於いては、時間の管理、費用の管理、成果品の品質管理の所謂 QCD が重要である。この中で最も重要なのは成果品の品質管理である。意図した成果が得られたか。つまり、プロジェクトの目標を達成したかである。DX プロジェクトでの目標は、実は明確でないことがほとんどである。商品開発の場合には、新製品のコンセプトがあり、どんな材料や技術を使って設定したコンセプトを具体的な製品に結実できるのかを検討する。情報システム開発でもそうだ、〇〇システムを開発しようと決まっていて、それも既存のオペレーションをこのように変えたいとかのアイデアが明確になっている。どのシステムを開発しようかからスタートすることは少ない。

　つまり、プロジェクトというのは、コンセプトが先に有り、それを実現する方法論が検討されて進む。しかしながら、日本で行われている DX プロジェクトに関してはこの逆であり、DX をするという方法論が先にあってからプロジェクトが開始されるケースが多い。なぜそんなことになるのかの答えは、読者の皆さんの方がよくご存じのことと拝察している。敢えて言うなら、目的の前に手段があるからである。社長が「うちも DX プロジェクトをするぞ！」と発言してプロジェクトが開始しましたと報告されているプロジェクトには「〇〇工程を DX しよう」という程度の目標しか決まってないことがほとんどである。酷いケースなどは、プロジェクトリーダーを指名して、「後はよく考えてやるように」で丸投げしてしまうのだ。

　そういったときには、プロジェクトの初期にコンセプトを構築しなければなら

ない。どうやってそのコンセプトを構築するかの答えが、3章の提案手法に述べた問題の抽出から入るアプローチである。今現場にある問題を挙げて、これらの問題のなにが根本の問題なのかを考えていくことに時間と手間をかけることが大事である。この作業はなぜなぜと問いかけて忍耐が要るので、面倒になってつい見えそうな結論へ導いてしまいたくなる。ところが、ここで踏みとどまって真因にたどり着かないと何度もプロジェクトを繰り返すことになる。

　経営戦略なんて社長の思いつきだと理解している向きもあると思うが、それは半分合っていて、半分間違っている。会社のことを一番考えているのが社長の筈なので、その人の視点で大事だと思っている事は傾聴する必要がある。しかし、社長が現場を見ていない場合、上述したように言葉が先行してしまって、いい加減な目標を与えることになる。いずれにしてもDXプロジェクトでは経営戦略が大事なのである。

B. 経営戦略のミスで最適化する対象が変わるケース

　製造業のDXプロジェクトで、真の問題点を探るのに失敗したケースを例に示す。現場の問題を調査・列挙して、真の問題点を探ったときに図表5-1の（a）に示す。

　稼働率が低いとか、作業時間がバラツクといった現場でのヒアリングから、根本的な問題を作業標準が明確になって居ないことだと判断した。その結果、作業標準を確立して、工程能力を把握することにしようという目標を立てることになる。しかし、そう結論付けずにもう少し検討とヒアリングを続けていくと、図表5-1の（b）に濃く色付けて太字にした2つの問題点を引き出した。それらは、「受注残がある」と「機械故障が多い」であった。それらを足して考えると標準時間がないことよりも基本的な能力が受注量に対応できていないことが認識できた。標準時間の確立も必要ではあるが、機械の能力をカタログ通りに出すことをしないと標準時間を整備しても売上に繋がらないことがわかる。この簡単な例が示すことは、問題深堀の必要性である。現場の問題が深堀されていないと間違った経営戦略の基でプロジェクトが走って、目標は実現できても競争優位の確立には至らないという残念な結果になる。

図表5－1　問題点の解析例

(a) 当初の問題点抽出

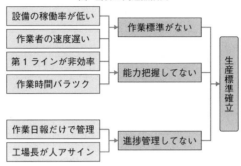

(b) 継続後の問題点抽出

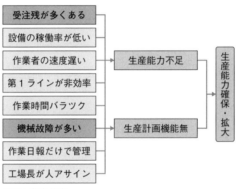

出典：著者作成

（2）イノベーションを興せば勝ったも同じ

A. ビジネスモデルとは

　ビジネスモデルとは、ビジネスに高付加価値を与える仕組みのことである。その企業のビジネスの顧客は誰か、与える価値は何かから始まって経営資源の利用の仕方までを考えて図にする。図表2－3にユニクロのビジネスモデルの図を掲げたが、図表5－2にアスクルのビジネスモデルの図を示す。

　このビジネスモデル図の方が、お金の流れと情報の流れを矢印を使って示してあり具体的である。また、ビジネスを成功に導くには、いくつかの競争優位を形成するパターンがある。有名なのは「規模の経済性」である。そもそも経営学の

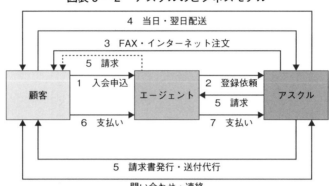

図表5-2　アスクルのビジネスモデル

出典：藤川裕晃『マネジメントの基礎』創成社（2013）P.114

奔りとも言えるビジネスの成功パターンは、20世紀初頭のT型フォードの大量生産であり、これはこの規模の経済性に他ならない。明治初期から興隆した財閥をイメージする「範囲の経済性」に続いて、最近ではインタネットの普及と共に世界中の様々な企業と繋がって共存する「ネットワークの経済性」が有効であると言われている。競争優位を形成するビジネスモデルのパターンを図表5-3にまとめる。

B. イノベーションの発想法

優秀なビジネスモデルを考えだすことがDXプロジェクトの成功を約束してくれるとも言える。図表5-4のアマゾンのビジネスモデル図は、創業者ジェフ・ベゾス氏がレストランで紙ナプキンに描いたというものだ。

図表5-3　ビジネスモデルのパターン

・ネットワークの経済性：利用者が増えれば増えるほど利益が上がる
・囲い込みの経済性：継続的に利用すればするほど利益が上がる
・範囲の経済性：商品領域が広がれば広がるほど利益が上がる
・時間の経済性：時間や作業を分割すればするほど利益が上がる
・経験の経済性：商品を通じた経験が増えれば増えるほど利益が上がる
・規模の経済性：生産量を増やせば増やすほど利益が上がる
・外部化の経済性：外部に業務を委託すればするほど利益が上がる

出典：末吉孝生著「ビジネスモデルの基本」、ソシム（株）、2018年、P.2～3

図表５－４　アマゾンのビジネスモデル

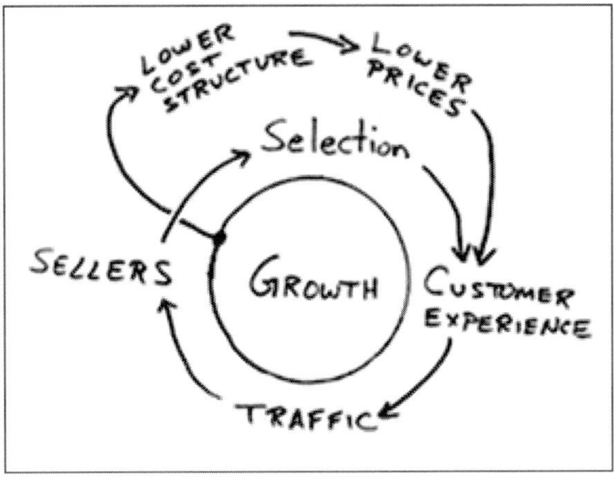

出典：IT メディアエンタープライズ　https://www.itmedia.co.jp/bizid/articles/1410/29/news024.html　（最終回覧　2023年４月26日）

　DX プロジェクトに於いてもこういった使えるビジネスモデルが発想できれば成功となるが、漠然と考えていても中々思いつくものではない。そこで、ビジネススクールでは様々なフレームワークで考えることを教えてくれる。図表５－５に発想法をまとめたものを示す。この発想法を活用してみることを推奨したい。

図表５－５　イノベーション発想法

・消費者のニーズを正しくとらえる
・情報格差がビジネスチャンスになる
・組合せで新たな価値を提案
・稼働率向上と付加価値の両立
・高速化した変化のスピードについていく
・兆しをキャッチする重要性
・空いているものを有効利用する発想
・中間地点の発想
・木を見るよりも森を見る発想
・感情移入で何が悪いのだ
・逆セグメンテーションの発想
・時間軸をずらす

出典：大前研一『０から１への発想術』小学館（2016）

C. 製造業で成功するビジネスモデル

特に、本書のターゲットである製造業で上手く適合してくれるビジネスモデルの例を図表5－6に示す。

これらの発想は、新しく生まれたビジネスがどういう発想で考え出されたのかを辿ったものであり、柳の下に二匹目、三匹目の泥鰌を探すときに使える。ただし、くれぐれもこれが全体像などという考えは捨てて頂きたい。模倣などをするよりも、自分の頭でよく考えればもっと面白いビジネスモデルが考え付くものである。それが、ビジネスの醍醐味である。

（3）オペレーションの最適化は専門家に任せる

3章で提案した推進方法の第3ステップで目的関数というのがある。ここでは、必要に応じて最適化を図ろうというものである。いつでも必要ということではなくて、経営戦略で何かの指標を最適化しようというものが出てくれば、解析をすることになる。例えば、中間在庫を減らすという目標を立てたとしよう。次に何をするかと言えば、この中間在庫という数字がどう計算されるかを考える。当然、いくつかの変数を演算して算出されることになり、式ができる。どのようにすれば最適化（この場合には最小化）できるかはこの式を最小化する値を求めれば良いことになる。その作業は数学の問題を解くことと同じである。微分方程式になることもあれば、多項式になることもあるので、数学忘れてしまったとい

図表5－6　製造業で成功するビジネスモデル

- 従来型モデル：大量生産～大量販売による利益の拡大
  - T型フォード：同じ製品ばかり沢山作ると安くできる～安ければ大量に売れる～新しい市場ができる
- 景気変動による需要の変動⇒販売予測型へと移行
  - クロスソーシング：製造工程を実際に需要のある地域に分散し国内外の工場が部品在庫を譲り合う
  - 地産地消：生産拠点と販売拠点の一体化で地域の需要把握
- 分業による差別化が進行垂直統合型では利益をあげられなくなった⇒水平統合型へ移行
  - EMS：電子機器の受託生産に特化したサービスを展開
- 差別化のために商品が市場に出た後のサービス業務が重要になった⇒サービス型への移行
  - リモートメンテナンス：コマツがGPSでメンテナンス用のデータを収集して補修部品を届けることで故障停止を最小化

出典：末吉孝生著「ビジネスモデルの基本」、ソシム（株）、2018年、P.41～46を基に作成

う人が無理をする必要などさらさらない。どんどん外部の研究機関や専門家の参画を願えば良い。唯、この最適化を嫌う数学が苦手な向きがいることはわかるが、こういったところで数学（ばかりではなくて、物理法則でも良いが）を使って解くことができれば明確に示せることと、実験などで客観的に実証ができることが取柄である。経営者の悩みを解決してくれるのは、占い師の一言でも、偉いコンサルタントの先生の提案でもなくて自然の法則の説得力を考えてみて欲しい。3章2節の戦略策定のところで説明した在庫式のところをもう一度読んで理解をして頂きたい。

（4）PoC の重要性

　実際にオペレーションを設計して計算上目的が達成されるだろうとわかったとしても、多額の投資が必要となるときには失敗が許されないので実験をする必要があることは当然のことである。つまり、PoC（Proof of Concept）の必要性を述べている。4章で紹介した事例はシステム導入の前に実験を行い、所与の成果が出ることを検証した上で導入を行っている。DX プロジェクトの中には、故障の予知のようなケースでは中々故障が発生しなかったり、因果関係が予測しづらい場合には、この PoC に相当な時間が掛かるものもあることを知らなければならない。こういった場合、DX プロジェクトは成果がでないので、やめようという声を封じなければならない。そんな場合には、確実に成果の出るデジタル化を行い、故障のデータ取りだけは開始しておく。運用中に故障のデータが取れるまで待てば良いのである。プロジェクトで要求される結果が出るまでの忍耐には、トップのリーダーシップが必要である。

２節　プロジェクト組織とリーダーの育成

（1）プロジェクト組織

A. 必要とされる役割

　DX プロジェクトを開始することになると、次は誰が担当してどう進めるかが議論される。そこで、まず必要とされる役割を図表５－７にまとめてみよう。

　誰がどこを担当しても良いが、こんな役割が必要だよねという認識がメンバー間で了解を得ていて、各自が意識することが大事である。勿論、どの企業だって無尽蔵に人材をアサインできることはないし、能力のある人材には限りがあるので、重複することになろうが、一人のメンバーが複数の役割を果たすことで視野を広げられるメリットもある。

B. 組織運用

　次にプロジェクトを既存の組織の中で行うか、特別の組織を作るか、はたまた都度関係者が集まる会議形式でやるかの判断が必要になる。どうしなければということは当然ない。また、外部人材を入れるか、丸投げするか、社内人材だけで全うするかの選択肢もある。これもどうしなければというセオリーはない。

　プロジェクト組織の運用に鑑みて組織を考えれば良い。しかし、「DX の取組は迅速に推進することが求められるため、組織内での軋轢を生じさせてしまう」

図表５－７　チームのロール

役割名	役割
ストラテジスト	経営層とメンバー間の健全性を維持、損益について責任を持つ
フィジカルアカウンタブル	QCD の管理に責任を持つ
コンサルタント	顧客の成功に責任を持つ
ソリューションアーキ	システム設計
サービスオーナー	担当するサービスに責任を持つ
アーキテクト	担当するビジネス・システムに責任を持つ
エンジニア	システム構築に責任を持つ
オペレータ	ビジネス・IT の日々の監視・運用・障害対応に責任を持つ

出典：各務茂雄『日本流 DX』東洋経済新報社（2022）P.150～156を参考に記述

（サルダナ、2021年、P.93）ので「新しいアイデアの初期段階においてそのすべてが必要か、変革が成熟するにつれて少しずつ適用する対応が可能か」（サルダナ、2021年、P.95）ということだ。つまり、急速な導入には反発があるから注意せよということである。

（2）プロジェクトリーダーの役割・資質

A．DXプロジェクトリーダーと企業トップの役割

　任命されたDXプロジェクトリーダーは、部長クラスや課長クラスで権限もあり、動ける地位にいるベテランでバイタリティのある人などが好ましいのかもしれないが、実質上のリーダーは企業トップである。任命されたリーダーが組織を回りコンセプトを決定し、それを説明して賛同を得て、取り決めをしていく。どんな人がこの役目をしても反対する人または部門が出てくる。2章で述べた「サイロ」である。これを打ち破れるのは企業トップしかいない。恒に任命されたリーダーの決めたことを承認して、各部門に従わせる役割を担っているのが、企業トップの役割でこれがDXプロジェクトの成功の鍵の一つである。

B．DXプロジェクトリーダーに求められる資質

　何もDXプロジェクトだけに関わることではないが、読者は「オーナーシップ」という言葉を御存じであろうか。個人がチームや会社のことについて当事者意識を以って向き合う姿勢のことである。プロジェクトを成功させるためには、リーダーがこの姿勢を見せて、皆を引っ張っていかなければ皆が乗ってこないことが容易に想像されると思う。日本人にはこれがある人は少ないかもしれない。引っ込み思案で人と話すのが苦手、交渉なんて真っ平という御仁には無理かもしれないが、各部門の利害の調整をするときには、どうしてもこれが必要になる。DXプロジェクトで、ある経営戦略を実施するために、ある部門の仕事が増えることになると、その部門長はへそを曲げて反対をすることがある。こんなときに、全体を考えたら、その部門がそれをやってくれないと折角の経営戦略も画餅に帰するといったときには膝詰めで説得することになる。交渉の末に妥協点を見つける訳である。このような交渉の才こそが、プロジェクトマネージャーの真骨頂であり、それはプロジェクトへのオーナーシップが現れる瞬間である。

この献身的なオーナーシップのチェックリストを図表5－8に示す。

日本人には少ないと記述したが、それは「リーダーのデジタルリテラシーで、デジタル技術に根差したビジネスを基盤としていない従来型の組織はこれが劣っている」（サルダナ、2021年、P.67）。

リーダーとしての資質以外にどのような専門を背景に持つ人材がプロジェクトリーダーに適するかについて、提言したい。その前に、どんな背景を持った人材がメンバーに要求されるかを述べると、図表5－9にまとめる。

そこで、リーダーは全体を見渡せることとどの技術も理解できるセンスが要求されることから「経営工学」の背景かセンスを持つ人材が最適と考える。これは必ずしも、その名前の学科や学部を出た人というこだわりではなくて、この学科で教育される知識とそこで学ぶことで醸成されるセンス・知見があれば良い。背景があってもセンスがない人もいるし、背景が別の学問であってもそのセンスを

図表5－8　献身的オーナーシップのチェックリスト

1．リーダーがデジタル戦略に対する個人的なオーナーシップを、完全かつ目に見える形でしめしているか？
2．リーダーが自ら新しい行動様式のあり方を示す兆しや計画はあるか？
3．リーダーがビジネス目標をDX戦略に変換し、継続的に関与することを確実にする仕組みはあるか？
4．ステークホルダーがDX中の問題を理解し、常に障壁を打破する行動を取るようなメカニズムがあるか？
5．スポンサーやシニアリーダーは、変革を推進するのに十分なデジタルリテラシーを持っているか？

出典：トニー・サルダナ『なぜ、DXは失敗するのか？』東洋経済新報社（2021）P.72～73

図表5－9　DXプロジェクトメンバーとその技術的背景

役割	専門的背景
プロジェクトリーダー	経営工学
戦略構築担当	経営学（経営戦略論、マーケテイング、経営情報）
問題点の解析	経営工学、経営学
生産プロセス設計	業種ごとの専門：機械系、化学系、材料系、建築系、電気系、　等
運用フロー作成	全部（工学系、経営系）
システム設計・構築	情報工学、システム工学
ハードウエア設計・構築	電気工学、機械工学

出典：著者作成

持つ人ならば何の問題もない。

　製造業の場合には生産プロセスがあるので、生産および材料・加工についての知識のあるエンジニアの智恵を借りないと、アイデアの実施が覚束ないことがある。例えば、あるプロセスの時間が掛かり過ぎているといった時にその専門家でないとなぜそんなに時間が掛かるのかや、どうすれば回避する可能性があるかの提案ができない。具体的に、４章１節の事例でコンクリートの養生に時間がかかるので、打設したら作業員が遊んでしまうということが分かったが、そこで一番困ったのは管理者がちょくちょく温度を見に行くことである。コンクリートの専門家に聞くと理想的な温め方があるということからセンサーでの自動管理の可能性で管理者の負荷軽減を導くことができた。

　技術リーダーとして大事な素養は、動かせること（制御条件）と動かせないこと（制約条件）を分けられることである。

3節 DX 成功のコツ

（1）目標は管理者の仕事を減らすこと

　これまでの多くの改善活動の合言葉は「現場の作業の効率化、省力化・省人化」であったことは読者諸氏も異論のないところでしょう。この省人化の対象はいうまでもなく現場の作業者のことである。ノミとカンナで削っていた職場に旋盤が入れば、加工時間の短縮、仕上げ面の向上だけでなくて、けがも少なくなり万々歳である。「作業者の削減」でコストダウンにも繋がる。

　ところが、DX で目標とするのはそうではなくて「管理者の削減」である。既に作業者の削減がある程度されていて、今後どのように減らせるのだろうかという段階に入ったときに、DX というテーマが来たわけである。

　管理者の生産現場での仕事って何だろう。最も重要な仕事は進捗管理である。工程での作業が遅れていないか、安全に行われているか、品質は出ているか　などを目視でチェックして、不味いときに作業者に指示して改善することである。仕事はそれだけでしょうか。生産計画を作成することも監督者の重要な仕事だし、お客様が来たら工場内を案内しなければならない。大事な取引先の責任者を案内しているときに、チョコ停が起こっても手がだせない。次工程への連絡ができていなくてもお客様を放り出して代わりに連絡することもできない。となるとこれらの仕事は省略されるか遅れて行われるかである。それは困るな〜と悩んでも仕方ない。解法は DX なのである。例えば、工程に入っている監視カメラの映像を AI が分析して前の工程が終わっていることを次工程の担当者モニターでインフォームすることなど簡単にできるのである。この管理者の仕事を IoT やカメラや AI に任せれば、管理者は安心して大事な取引先の責任者の説明にあたれる。

　つまり、IoT、AI、カメラなどのデジタルツールを使って管理者の仕事を代替してあげれば工程間の繋ぎや工場全体の調整を付けることができるのである。個々の作業者の仕事だけを見ていては工場全体、ひいては企業全体の戦略へのアクションには繋がり得ない。作業者の仕事でなく、管理者の仕事こそ最適化の

ターゲットなのである。

（2）デジタルツールに拘らないこと

　DXのプロジェクトなので、デジタルツールを使うことがお約束である。デジタル技術の専門家として、プロジェクトに参画しているメンバーなどは、今回はどんな技術を使おうかと腕まくりをしていることが容易に想像される。

　ところがこれが邪魔になることがある。例えば、倉庫の在庫情報を収集して全部署で共有するとき、各部署へ送ろうとする考えがある。本当にそんな必要があるのだろうか、むしろ必要な部署が取りに行くことで良いのではないかとの考えもある。どちらが良いかは、広い視野で深い考察をしないと結論がでないが、何でもやり過ぎないことが大事だ。価値のないところには、投資はしないものである。特に、デジタルツールはそれなりに故障もするし、電力を喰うし、ノイズを拾い信頼性が落ちることもあるし、シンプルな方がシステムの立ち上がりが早く又信頼性も望める。つまり、何でも誰でもではなくて、どこにデータが必要なのか、それは何をするためにか　を明らかにすれば高価なデジタルツールが必要とならない場合だってある。ツールよりも管理アイデアである。信号を1つ上げれば良いというときに、わざわざ立派なモニターやラズパイを用意しなくても、スイッチ1つ付ければ充分な場合が結構ある。中小製造業をターゲットにしたのもそんな経験から、効果が出やすいと考えたこともある。

（3）戦略はトップの了解を得ること

　当たり前のことを書いているが、理屈の上で当り前でも現実になされない事が結構あり、その中の怖い一つが「いつの間にかトップがはずされている」ことである。なぜ外されてしまうかと言うと、トップが多忙だとか、担当者に任されたとか、面倒だとか　色々とある。根本的なことを議論することははっきり言って疲れることもある。「当社の顧客は誰ですか」、「当社の付加価値は何ですか」、「現場の問題はなにですか」、…という疲れる議論は一回すればもう良いよ。となってしまう。これは日本人の欠点の一つである。欧米人は愚直なまでにこういった哲学的な議論が好きで、議論の度に結論が変わることも歓迎しているとこ

ろがある。なぜそうかというと、欧米人は「ルールは固定だ」と思っていないからで、一方日本人は固定化して動かせないと考えていて、早く現実的な議論をしたがる。国際標準などで日本からの提案はほとんどないのは、そんな基本的なことに興味がないのかルールと言えば思考停止するようにプログラム化されているからである。国際標準はルールであり、競争条件である。これを自分の都合の良いように決めるのは戦略そのものである。それを感じないこと自体、日本人は戦略オンチなのだ。だから、オリンピックで日本が勝ちすぎるとルールが変わることに日本人は何も感じていない。分かりやすく本項のコツを言い直すと「何度も基本に返って目的・意義・戦略を考え直しましょう」ということである。少なくとも企業トップは、企業哲学や現場の問題から目を背けたら、置いて行かれると知るべきである。

（4）現場の声を聴き過ぎないこと

　この話は違和感を持たれる読者も居られることと拝察するところである。「現場が改善の主役なのに蔑ろにするとはなんだ」というお叱りがあってしかるべしである。多くのソフトウエアパッケージの失敗の原因はここにある。導入したら使うのは現場なのだからは、そもそもパッケージは何たるかの認識ミスである。

　元来、例えば ERP のベンダーが誰にパッケージを売りに行っているかを見れば明らかである。社長へのトップセールスをしているのが、ERP ベンダーの常套手段である。うんと言ってくれた社長の意向を大事にするというよりも、社長が見て経営戦略を判断するのが ERP パッケージの目的であって、決して現場の改善を目的としてはいない。ここに、多くの日本のサラリーマンは誤解している。

　一方、本稿の取り上げる DX は現場で管理者の負荷を軽減するようにすれば、その現場の問題点を解決できるという考えで貫かれている。しかし、現場の作業者や現場監督者は自分の利便性を第一に考える。DX のプロジェクトリーダーは現場の人間の利便性よりも企業としてのメリットを考えるので、しばしば現場の人々に負担をかけることもやってしまうのだ。現場の声を聴き過ぎたらこのミッションを果たすことに躊躇する。それは失敗へのリスクとなる。

　4章3節の生産管理パッケージの事例にあるように、これまでのソフトウエ

アパッケージの導入は、一般的な企業Aを基に作られた管理ソフトウエアをどの企業にも使えるようにという触れ込みで販売されている。当然、企業が変わると運用方法もマチマチだ、合わないところが出てくる。現場の声では「このパッケージ使えない」と切り捨てる。一方、導入した側は、使って貰うために今の運用を変えなければと画策する。良かれと思ってしたことが、新たな軋轢を生むという残念な話である。DXも正にこの例と同様である。1つ異なる点は、パッケージと違ってコーディングができていないことである。現場を見て必要なモジュールを組合せることができる。とはいえ、生産現場が理由もなく守り続けている悪しき運用を継承する必要など全くない。このことを銘記すべきである。

（5）メンテナンスは自社で行うこと

　システムの設計や構築の段階で、外部からコンサルタントやITベンダーなどの企業の協力を受けて構築することはあると思う。しかし、構築後の微修正やメンテナンスは自社で行うことが望ましい。なぜなら、システム構築は、その工場が存続する限りは何度も行われるであろうからである。他社（者）に開発して貰うと、上手く行ってないと責任を彼らに押付けて使わなくなるといった事例はよく聞く。それでは何のためのDX化のかわからない。長続きするシステムを得るには、見直しを常態化することで、その基本は、「自責」である。

（6）PDCAサイクルを回すこと〜改善に終わりはない

　PDCAは、「何度も改革を繰り返しながら質を上げて行きましょう」のときに出てくる概念である。日本企業の得意なQCサークルや野中先生が編み出したSECIモデルなどと同様である。そうして継続すれば運動として定着するし、社員間のコミュニケーションも上がっていくという副次的効果も期待できる。しかし、トップがメンバーに「プレッシャーをかけないことです。一番いけないのはDX推進部とか訳のわからない部署を作ってプレッシャーをかけること」（柳瀬ら、2022年、P.198）です。PDCAサイクルを何度か回して行けば改革の質も上がるし、社員もそういった環境に慣れてきて、改革していることが常態化する。そういう企業は変動へも強くなる。ハーバード・スペンサーの生物進化論ではな

いが、「大きな企業が生き残るのではなくて、変化に対応できる企業が生き残る」のである。

〈参考文献〉

1．各務茂雄（2022）『日本流 DX』 東洋経済新報社
2．トニー・サルダナ（2021）『なぜ、DX は失敗するのか？』 東洋経済新報社
3．柳瀬隆志・酒井真弓（2022）『なぜ九州のホームセンターが国内有数の DX 企業になれたか』 ダイヤモンド社

おわりに

　日本の産業全般に漂っている閉塞感は、隣の中国、韓国、台湾などの台頭に対して自国だけが凋落している姿への焦りなのか諦めなのかわからないが、「座して死を待つのだけは避けたい」と考えるのは我々だけではないと思う。我々は、法政大学の専門職大学院で出会い、中小企業診断士になるために何社もの中小企業を診断してきた。特に、製造業との出会いに於いて、生産現場の情報をデジタルツールを使って集めそれを有効に活用したら、もっと少ない人数で、もっと短時間で、もっとストレスなく仕事ができることに気づいた。それを実践したのが、本書に掲載した事例である。

　ここで収録した5編の事例であるが、DXの定義に完璧に当てはまっていないと言うご指摘を受けるかもしれない。確かにデジタル技術は使っているけど、ビジネスモデルを作ったのと聞かれると、そんな大げさなものではないと答えざるを得ない。その企業の真の問題点を解決して競争優位性を形成しているかと言えば、5つの内の第4節のコンクリート工程のタクトタイム化の事例が一番近い。業界の常識である在庫を過剰に持って対応しようという戦略に対して、在庫保持量を品切れが起きない程度に抑えるために生産計画立案方法と現場の仕組みで実施率の向上を戦略とし実践した。これが一番定義に近いと言えそうだ。その他の4つは最終的な問題点を解決する経営戦略の立案〜実践までは行かず。まだ、その手前である。唯、そのステップを踏まないとそこまでは到達しない。例えば、3節の事例で生産管理パッケージの活用範囲を広げることでこれまでよりも効率は上がったとは言える、しかし本来の戦略であろう完成品在庫や作業員の削減やリードタイムの短縮のための情報収集ができるし、現場の情報を取り込むことが容易になったことで、現場データを取り込んでの生産実績の把握や計画変更も可能となろう。つまり、次のステップが見えてきている。

　本編の中でも言及したが「DXは一つの改善やツールの導入で終わるものではなくて、何度もPDCAを回さなければならない」ということで、例え目的に達成してもそこで固定してしまえば、いつの間にかライバルに先を越されているという結果になることは明白である。

　日本の産業の基本は中小製造業の頑張りである。これまでもそうであったし、

これからもそうなるであろう。我々の多くは、大企業でキャリアを積んできているが、だからこそ DX は大企業では中々成功しないということを肌で知って居る。サラリーマン社長がトップに立つ日本企業は、居心地は良いが改革はできない。サラリーマン社長が改革を叫んでも全員が共感して実行するということは夢物語である。しかし、それが実現できるのは中小企業なのである。我々に DX 化の機会を与えて頂いた企業の社長さんはどなたもリーダーシップと危機感のある方々である。こういう会社が DX を繰り返して、業界を牛耳り世界に号令する企業に育ってくれれば日本経済も昔日の面影を取り戻せると確信している。

著者一覧

藤川 裕晃 （ふじかわ ひろあき）　1章、2章、3章1～3節、5章、編集（全体）

現職	法政大学専門職大学院経営大学院教授 神奈川大学工学研究所客員教授	学位	博士（工学）
学歴	早稲田大学 理工学部 工業経営学科卒業、早稲田大学大学院 理工学研究科 生産管理専修修了	資格	中小企業診断士、技術士
		著書	『マネジメントの基礎』（創成社）、『SCMとロジスティクス管理入門』（日刊工業新聞社）、『多層階工場レイアウト入門』（工業調査会）、『生産マネジメント概論　戦略編・技術編』（文眞堂）、『受給マネジメント』（朝倉書店）他
職歴	大成建設株式会社、日本アイ・ビー・エム株式会社、近畿大学工学部教授、東京理科大学経営学部教授を経て現在に至る		
専門	生産マネジメント、サプライチェーンマネジメント、工場計画		

川越 敏昌 （かわごし としあき）　3章4節、5節（1）～（3）、4章1節、4節（実装支援）、編集（3章）

現職	株式会社Rivercrotech（リバクロテック）代表取締役	学位	工学修士、MBA
学歴	関西大学 工学部 電気工学科卒業、関西大学大学院　工学研究科 パワーエレクトロニクス専攻修了、法政大学専門職大学院　イノベーション・マネジメント研究科修了	資格	中小企業診断士、ITコーディネータ
		著作	論文：「コンクリート二次製品工場におけるDXのための生産進捗検知と信号による管理方式の提案」日本設備管理学会誌、Vol.35, No.1, pp.8-14（2023）
職歴	株式会社日立製作所（産業・流通）を経て独立、現在に至る		論文：「コンクリート製造プロセスのIoT活用による改善」日本設備管理学会誌, Vol.33, No.4, pp.151-160（2022）
専門	経営戦略・事業計画、現場改善、生産管理、デジタル活用・DX化支援		

浅野　融 （あさの　とおる）　3章5節（5）、4章2節

現職	AT 経営研究所 代表		リーズ・ジャパン株式会社を経て開業
学歴	慶應義塾大学 工学部 電気工学科卒業、法政大学専門職大学院 イノベーション・マネジメント研究科修了	専門	経営戦略・事業計画、業務改革支援、プロジェクト・マネジメント
		学位	MBA
職歴	日本 IBM 入社。グローバルファウンド	資格	中小企業診断士、IT コーディネータ

新垣 健昇 （あらかき けんしょう）　3章5節（5）〜（6）、4章3節

現職	株式会社アスペンテックジャパン 一般社団法人 東京都中小企業診断士協会 三多摩支部所属 中小企業診断士 (K&Y Business Advisory 代表)		ルス業務に携わる
		専門	経営戦略、IT 経営、生産管理、サプライチェーンマネジメント、省エネ支援
		学位	MBA
学歴	琉球大学 工学部 機械システム工学科卒業、法政大学専門職大学院 イノベーション・マネジメント研究科修了	資格	中小企業診断士、エネルギー管理士
		著作	論文：「生産管理パッケージシステムの利活用の推進に関する研究〜コンクリート　二次製品工場における実証〜」日本 MOT 学会 第14回年次研究発表会（2022年度）
職歴	南西石油株式会社にてプロセスエンジニアリング、生産管理業務を経験後、株式会社アスペンテックジャパンにて自社 SCM ソリューションのプリセー		

金子 和彦 （かねこ　かずひこ）　3章5節（4）、4章5節

現職	合同会社プログレスコンサルティング 代表社員 群馬県行政書士会会員 一般社団法人 群馬県中小企業診断士協会所属 特定非営利活動法人 日本ファイナンシャル・プランナーズ協会会員 一般社団法人 事業承継士協会会員		法政大学専門職大学院 イノベーション・マネジメント研究科修了
		職歴	群馬県館林市役所にて20年間勤務後、独立開業して現在に至る
		専門	事業承継、創業支援、資産設計、相続
		学位	MBA
学歴	早稲田大学 教育学部 教育学科卒業、	資格	中小企業診断士、行政書士、2級ファイナンシャル・プランニング技能士、IT コーディネータ、事業承継士、防災士

山下 敬寛 （やました　たかひろ）　3章5節（1）、4章4節

現職	YT 経営研究所 代表	学位	MBA
学歴	関西大学 システム理工学部 電気電子情報工学科卒業、法政大学専門職大学院 イノベーション・マネジメント研究科修了	資格	中小企業診断士 IT コーディネータ
		著作	論文：「コンクリート二次製品工場におけるDX のための生産進捗検知と信号による管理方式の提案」日本設備管理学会誌、第35巻、第1号、pp.8-14 (2023) 論文：「モニタによる生産工程の相互支援 IoT システム」第29回社会情報システム学シンポジウム
職歴	日亜鋼業株式会社を経て独立、現在に至る		
専門	生産管理、IoT 導入、データ分析、現場改善		

2023 年 8 月 26 日　第 1 刷発行

中小製造業の DX 入門

著　者	藤	川	裕	晃
	川	越	敏	昌
発行者	脇	坂	康	弘

発行所　株式会社 同友館

〒113-0033 東京都文京区本郷 3-38-1
TEL. 03(3813)3966
FAX. 03(3818)2774
URL　https://www.doyukan.co.jp/

落丁・乱丁本はお取替えいたします
ISBN 978-4-496-05662-8

三美印刷／松村製本所
Printed in Japan